Johann Heinrich Plath

Gesetz und Recht im alten China nach chinesischen Quellen

Johann Heinrich Plath

Gesetz und Recht im alten China nach chinesischen Quellen

ISBN/EAN: 9783742841490

Hergestellt in Europa, USA, Kanada, Australien, Japan

Cover: Foto ©ninafisch / pixelio.de

Manufactured and distributed by brebook publishing software (www.brebook.com)

Johann Heinrich Plath

Gesetz und Recht im alten China nach chinesischen Quellen

Gesetz und Recht im alten China

nach

chinesischen Quellen.

Von

Dr. J. Heinr. Plath.

China gilt, soweit die Geschichte reicht, für einen gesetzlich geordneten Staat. Weise Männer, denen das Volk willig folgte, ordneten, aller Ueberlieferung zufolge, von Anfang an und im Verfolge der Zeit alle Lebensverhältnisse. Da die Chinesen keine erst später aus einer Bilderschrift hervorgegangene Buchstabenschrift haben, sondern schon frühe eine immer mehr und mehr ausgebildete Bilder- und Zeichenschrift hatten, wurden die gesetzlichen Bestimmungen gewiss auch schon früh aufgezeichnet und da die Gesetzeskunde in China kein Geheimniss einer Adels- und Priesterkaste, wie im alten Indien und zum Theil selbst im ältesten Rom war, wurden die Gesetze allem Volke kund gegeben. Aber es hat sich kein altes chinesiches Gesetzbuch, wie etwa der Leviticus, wie Manu's Gesetze oder die leges barbarorum, erhalten. Die Chinesen haben jetzt ein Criminalgesetzbuch, den Ta-thsing-liû-li, welches die jetzige Dynastie von der vorigen, wie wir wissen, und die wohl schon von den frühern überkommen und nur im Einzelnen verbessert hat. Auch der Ta-thsing Hoei-tien, welcher die Verordnungen über die Verwaltung der jetzigen Dynastie enthält, und ebenso aus dem Werke der früheren Dynastie, dem Ta-ming Hoei-tien hervorgegangen ist, mag hier genannt werden. Auch das alte China, namentlich die 3. Dynastie Tscheu wenigstens, soll ein solches Strafgesetzbuch gehabt haben. Indess war dieses nach dem Scholiasten zum Tscheu-li B. 36 f. 30 (1), unter der Dynastie Han 175 n. Chr. bereits verloren, und es fragt sich nach Tso-schi Tschao-kung Ao 6 f. 35 S. B. 21 S. 165, wie wir später (S. 682) sehen werden, ob die frühern Kaiser überall eigentliche Strafgesetzbücher verfertigten und nicht blosse Verordnungen erliessen. Es ergibt sich hieraus die Schwierigkeit einer Darstellung von Gesetz und Recht im alten China. Diese steigert sich aber noch dadurch, dass im alten China Kirche und Staat, Moral und Recht durchaus ungetrennt waren, und die gesetzlichen Bestimmungen das ganze Leben des Volks, z. B. auch die Vertheilung des Eigenthums, den Anbau des Landes, die Bestimmungen über die Gewerbe u. s. w. betrafen. Die Pietät der Kinder gegen die Eltern, die Achtung gegen Aeltere und Obere war nicht, wie bei uns, dem Gewissen des Einzelnen überlassen, und auch das peinliche Ceremoniell wurde für gleich wichtig erachtet und Alles dieses unterlag den gesetzlichen Bestimmungen. Eine vollständige Darstellung von Gesetz und Recht im alten China müsste daher eigentlich das ganze Leben und alle Lebensverhältnisse dieses alten Volkes umfassen. Wollen wir uns daher nicht in's Unermessliche ergehen, so müssen wir uns auf das beschränken, was wir unter Gesetz und Recht verstehen, und wir werden daher nur von der Civil-, Polizei- und Strafgesetzgebung des alten China reden.

Wir haben in unsrer Abhandlung über die Verfassung und Verwaltung des alten China drei Perioden unterschieden, die der 1. und 2. Dynastie, die der Blüthe der 3. Dyn. der Tscheu und die des Verfalls derselben, und gedachten auch hier erst dieselben Abtheilungen anzunehmen; allein die Nachrichten aus der Zeit der 1. und 2. Dynastie und die aus der Zeit des Verfalls der 3. D. sind gar zu dürftig. Wir haben daher alle drei Perioden zusammenfassen müssen und schicken in der Einleitung nur eine allgemeine Erörterung voraus: über die gesetzgebende Macht, die Gesetzerlasse und die Publikation und Vollziehung der Gesetze.

Einleitung.

1. *Wer erliess die Gesetze?* Ursprünglich sollte alle Gesetzgebung vom Kaiser ausgehen und nicht von den Vasallenfürsten. Confucius im Lün-iü 2, 16, 2 sagt: „Wenn im Reiche die rechten Prinzipien (Tao) herrschen, gehen die Bräuche, die Musik, die Regierung, (Unterdrückung der Unordnung) vom Kaiser aus; wenn im Reiche die rechten Prinzipien nicht herrschen, gehen Bräuche, Musik und die Unterdrückung der Unruhen von den Vasallenfürsten (Tschu-heu) aus; gehen sie von diesen aus, so ist es selten, dass sie in 10 Generationen nicht (ihre Kraft) verlieren; gehen sie von den Grossbeamten (Ta-fu) aus, so ist es selten, dass sie nicht in 5 Generationen (ihre Kraft) verlieren; wenn aber die unteru Beamten die Befehle erlassen, ist es selten, dass sie nicht in 3 Generationen (ihre Kraft) verlieren. Herrschen im Reiche die rechten Prinzipien, so hängt die Regierung nicht von den Grossbeamten ab, herrschen im Reiche die rechten Principien, so beräth der gemeine Mann nicht über (Gegenstände der) Regierung." Aehnlich heisst es im Tschung-yung S. 28: „Wer nicht Kaiser ist, bestimmt nicht über die Bräuche, ordnet nicht Gesetz und Mass (tu), regelt nicht die Schriftsprache (wen), aber wenn einer den Thron einnimmt und auch die Würde hat, hat aber nicht die gehörige Tugend, untersteht er sich doch nicht, Bräuche und Musik anzuordnen; wenn er aber auch die gehörige Tugend besitzt, nimmt aber nicht den Thron ein, so wagt er jedenfalls nicht, Gebräuche und Musik anzuordnen." Vergl. auch Li-ki Cap. Wang-tschi 5 f. 9 v. und Tsi-fa 23 f. 32. v. Es ist hier speziell nur von den Bräuchen u. s. w. die Rede, es erstreckt sich aber dieser Satz allgemein auf alles. „Die alten Kaiser, sagt Tso-schi Wen-kung Ao 6. S. B. 15 S. 441 gaben die Gesetze und die Vorschriften." Die Gesetze wurden natürlich nicht gerade von den Kaisern persönlich entworfen, sondern verschiedentlich von ihren Ministern, Grossen u. s. w. Namentlich wird das Detail der Einrichtungen der 3. D. Tschen auf Tscheu-kung, den Bruder des Stifters Wu-wang, zurückgeführt. Tso-schi, Wen-kung Ao 18 f. 24, S. B. 15 S. 474 sagt: „Sien-kiün Tscheu-kung tschi Tscheu-li, d. i. der frühere Fürst Tscheu-kung regelte die Gebräuche der Tscheu." Vergl. die Stelle im Schu-king Liü-hing 4, 27 S. 294, unten S. 681. Nicht jede Dynastie gab aber immer

neue Gesetze, sondern sie behielt die alten, weisen Gesetze der Gründer der frühern Dynastie, welche unter den letzten tyrannischen Herrschern, die den Sturz der Dynastie herbeigeführt hatten, in Verfall gerathen waren, bei, und erneuerte und verbesserte sie nur nach Umständen, so dass wir in China eine fortgehende Entwicklung sehen, während in Europa vielfach Umsturz auf Umsturz folgte. Im Schu-king cap. Kang-kao 4, 9 S. 196 heisst es unter Tsching-wang von der 3. Dyn.: „Publizirt die Gesetze und lasst die weisen Gesetze, welche die Kaiser der (2. Dynastie) Yn zur Bestrafung der Verbrechen erlassen haben, beobachten." Meng-tseu 2, 4 (10) 4 S. 134 sagt: „die (2. D.) Yn erhielt das Gesetz von der (D. 1.) Hia und die (3. D.) Tscheu die der Yn", und im Lūn-iū 1, 3, 14 sagt Confucius: „die Tscheu blickten auf die zwei frühern Dynastieen, aber wie reich bildeten sie (ihre Institutionen) aus; ich folge Tscheu" und I, 2, 22 und im Sse-ki B. 47 f. 24 sagt er: „die (Dynastie) Yn stützte sich auf die Gebräuche der Hia, was sie davon nahm und dazu that, kann man wissen; die D. Tscheu stützte sich auf die Gebräuche der D. Yn, was sie davon nahm und dazu that, kann man wissen; wenn (eine neue Dynastie) auch die D. Tscheu fortsetzen sollte, selbst nach 100 Generationen noch könnte man (die Gebräuche und Einrichtungen) kennen." (Im Wesentlichen, will er sagen, blieben China's Einrichtungen unter den verschiedenen Dynastieen immer dieselben).

Die Strafgesetzgebung, sagt Tso-schi Tschao-kung Ao 6 f. 35 S. B.21, S. 166 wurde erst durch die Unordnungen, die vorkamen, veranlasst; die Hin hatten eine unordentliche Regierung und man verfasste das Strafgesetz des Yü (des Stifters der 1. D.) u. s. w. Doch dies geht mehr auf die Abfassung der Gesetzbücher, wovon unten.

Als die Kaisermacht später zerfallen war, usurpirten indess die Vasallenfürsten auch die gesetzgebende[1]) Gewalt. Wir führen nur einzelne Beispiele davon an. Das Bambu-Buch (Tschu-schu-ki-nian) 2 f. 16 v. erwähnt unter Tscheu Ping-wang Ao. 25 (745), wie man da-

---

1) Dies sollte nicht sein. S. Tso-schi Tschau-kung Ao 9, S. B. 21 S. 186 fgg.; da sagt ein Grosser von Tscheu: „Die Bäume haben eine Wurzel, die Wässer eine Quelle, die Menschen einen Vorsitzenden im Rathe. — Fürst Wen (von Tsin) war ein Reichsfürst dritter Classe, wie durfte er verändern die Dinge?"

mals in Thsin anfing, die drei Grade der Verwandtschaft bei Bestrafung von Verbrechen solidarisch haften zu lassen, was ganz gegen Wen-wang's Maxime war, die nach Meng-tseu 1, 2, 23 lautete: „Der Schuldige (werde bestraft) und nicht Frau und Kind (Tsui jin eul pu nu).'' Unter dem Gewaltherrscher (Pa) Huan-kung von Thsi (685—43), der später, was ursprünglich nur dem Kaiser zukam, eine Fürstenversammlung veranstaltete, erwähnt Meng-tseu 2, 6, 22 (12, 7 S. 159), vgl. Biot Journ. As. 1845 T. 6 p. 263—85, dass er fünf Verbote oder Gesetzbestimmungen erliess. Tso-schi, Tschao-kung Ao 6 f. 35, S. B. 21 S. 167 erwähnt, dass Tscu-tschan in Tsching[1]) die drei frühern Gesetzsammlungen (der Kaiser) bearbeitete, und Ao 29 (513 v. Chr.) S. B. 25 p. 113 wird eben da ein Strafgesetzbuch, welches Fan-siuen-tseu verfasst hatte, erwähnt. Confucius urtheilte dort darüber: „Das Reich Tsin ist verloren! Es lässt seine Richtschnur ausser Acht, es soll bewahren die Gesetze, welche Thang-scho (der erste Landesherr von Tsin) von den Tscheu empfangen, damit sie ein Gewebe seien und Fäden für das Volk.... Auch stammen die Strafgesetze von Siuen-tseu aus der Zeit der Frühlingsjagd von J (unter Lu Wen-kung Ao 6, d. i. 620). Es waren die unordentlichen Erlasse des Reiches Tsin. Wie kann man die zu Gesetzen erheben.'' Tso-schi Wen-kung Ao 6 S. B. 15. 436 sagt: „Er (Siuentseu) gab Vorschriften für die Angelegenheiten; er bestimmte die Gesetze und die Verbrechen, er entschied über Strafen und Streitigkeiten; er hatte sein Augenmerk auf die Entwichenen; er hielt sich an Bürgschaften und Verträge; er beseitigte den alten Schmutz; er begründete die Gebräuche für die Rangordnung; er zog hervor die lange Zurückgebliebenen. Nachdem er es vollendet, übergab er die Gesetze dem Tai-sse Yang-tseu und dem Tai-fu Ku-to; er liess sie ausüben im Reiche Tsin und ein beständiges Gesetz sein.'' Tso-schi, Tschao-kung Ao 8 f. 17 fg.. S. B. 20 p. 542 erwähnt, wie Fürst King-kung von Thsi 539

---

1) Mitunter wurden später auch wohl nur alte in Verfall gerathene Einrichtungen wieder hergestellt; so wenn es bei Tso-schi Siang-kung Ao 30, S. B. 20 S. 501 von Tseu-tschan, dem Regierungsvorsteher in Tsching (548 v. Chr.) heisst: Er liess den Hauptstädten und abhängigen Städten ihre Auszeichnung zukommen; Höhere und Niedere erhielten ihre Kleidung; die Felder erhielten Erdwälle und Wassergräben; die Hütten und Brunnen erhielten Genossenschaften von fünf Menschen u. s. w.

viele Strafen verhängte, auf Ngau-tseu's Rath aber die Strafen verminderte, u. Meng-tseu I, 2, 2 p. 17 sagt zum Könige: „als ich zuerst an die Gränzen von Thsi kam, erkundigte ich mich nach des Landes grossen Verboten (Takiu) und wagte dann erst einzutreten. Da hörte denn dein Diener, dass innerhalb der Vorstadt ein Park von 40 Li sei; wer darin einen Hirsch tödte, das sei ein Verbrechen, als wenn er einen Menschen getödtet habe u.s.w." Tso-schi, Tschao-kung Ao. 7 f. 37, S. B. 21 p. 171 erwähnt einer Verordnung Wen-wang's von Tschū (689—676), wonach der Hehler, bei dem ein Räuber sich versteckt, mit dem Räuber gleiche Schuld habe. Diese Beispiele mögen genügen. Als Thsin Schi-hoang-ti dann die 3. D. stürzte und die 4. gründete, traten in der Strafgesetzgebung Chinas grosse Veränderungen ein. Schon unter Thsin Hiao-kung 361 fg. führte sein Minister Yang, der Fürst von Schang, in Thsin neue Gesetze ein, obwohl der Fürst von Thsin erst die Missbilligung des Reiches fürchtete. Der Minister erklärt sich da, im Gegensatz des frühern China, das durchaus am Alten hing: „die die Reiche bewältigen wollten, machten nicht zum Gesetze das Alte (Pu fa khi ku); wer dem Volke Nutzen bringen wolle, richte sich nicht nach dem Gebräuchlichen." Vergebens machten die anderen Minister die früher herrschenden Grundsätze geltend (S. Sse-ki B. 68 f. 3, S. B. 29. S. 101 fg. u. Ma-tuan-lin 162 f. 26 v.), doch dies gehört der spätern Zeit an.

2. *Die Gesetzverordnungen und Gesetzbücher.* Die alten Chinesen hatten Papier und Pinsel und Tusche noch nicht erfunden, sondern schrieben auf Bambutafeln oder verewigten, was sie schriftlich überliefern wollten, wenigstens später auch auf Erz. Dies fand dann auch bei den Gesetzen statt. Im Tschung-yung S. 20 sagt Confucius: „Wenwang's Gesetze waren auf Tafeln oder Streifen von Bambu geschrieben; solange Männer seines Sinns regierten, blühten diese Gesetze, als diese aber nicht mehr waren, hörte auch die Wirksamkeit seiner Gesetze auf." Die Pietät der Gründer der 2. und 3. Dynastie liess auch nach dem Sturze der 1. und 2. ein Mitglied jeder derselben in einer kleinen Herrschaft fortbestehen. So erhielt sich noch zu Confucius' Zeit in dem Reiche Ki ein Spross der 1. D. Hia und im Reiche Sung herrschte noch ein Nachkomme der 2. D. Yn, und in diesen kleinen Reichen erhielten sich noch Bräuche, Einrichtungen und wohl auch Gesetze der 1ten

und 2. D. ¹) Aber Confucius sagt im Tschung-yung S. 28: „Sie genügten nicht; ich studirte daher die Gebräuche der 3. D. Tscheu, sie werden noch geübt, ich folge daher Tscheu." Dass später beim Verfalle der Kaisermacht die Vasallenfürsten die Aktenstücke, welche ihren Anmassungen entgegen waren, vernichteten, sagt Meng-tseu 2, 10, 2 (4) im 4. Jahrhunderte v. Chr. Geb. Die Gesetze werden öfter im Schuking und sonst erwähnt. Im Cap. Yue-ming 3, 8, 3 pag. 126 sagt Kaiser Wu-ting (1324—1266): „Wenn man die Gesetze der alten Kaiser untersucht, sieht man, dass, wenn sie wohl beobachtet werden, nicht gefehlt wird. Diese Gesetze auszuüben, werde ich fähige Männer zu Aemtern befördern" und im Cap. To-fang 4, 18 p. 243 heisst es: „der letzte König (der 2. D.) regierte nicht nach den Gesetzen seiner Dynastie, die er vom Himmel empfangen hatte." Es ist aber nicht immer deutlich, ob da von Verordnungen und Erlassen, oder von einem wirklichen Gesetzbuche die Rede ist. Im Schu-king Cap. Liū-hing 4, 27 p. 294 heisst es: „Pe-y erliess weise Verordnungen; (Heu-) Tsi gab Regeln für den Anbau des Landes und liess alle Arten von Getreide säen; Kao-yao bediente sich der Strafen, das Volk in Ordnung zu halten." Bei Tso-schi Tschao-kung Ao. 14 f. 1, S. B. 25, 63 sagt Scho-hiang in Tsin: „In dem Buche der Hia (Hia-schu) heisst es: der Aufrührer, der Unlautere und der Mörder werden getödtet; so lautete das Gesetz Kao-yao's ²); ich wünsche dem Gesetze gemäss zu handeln, was denn auch geschah." Hier scheint von einem Strafgesetzbuche die Rede zu sein, aber es wird nur das erste Buch des Schu-king, Hia-schu, gemeint sein. Undeutlicher sind Stellen wie im Schu-king Cap. Ta-yü-mo I, 3 f. 8 p. 23 und Kang-kao IV, 9 f. 23 p. 196. Im Cap. Liū-hing IV, 27 in. heisst es: „Als der Kaiser (Mu-wang 1002—947) schon 100 Jahre alt und noch auf dem Throne war und Gedächtniss und Kräfte ihm schwanden, liess er nach angestellter Prüfung, wie Gaubil übersetzt, die Strafgesetze aufschreiben und im Reiche

---

1) Tso-schi Tschao-kung Ao. 4 f. 7, S.B. 27 S. 121 fg. sagt: „dass Lu und Wei (welche Theile des frühern Gebietes der D. Yn erhielten), beide mit der Regierung der D. Yn begannen; ebenso der das Stammgebiet der D. Hia erhielt, mit der der Hia.
2) Pfizmaier p. 64 hat urig Hao-thao. Kao-yao war Vorstand des Criminalwesens unter Kaiser Schün. S. Schu-king I, 3 p. 26; 1, 4; 1, 5 p. 30.

publiciren"; aber der chinesische Text ist nicht so bestimmt, er sagt nur: Tso hing, i khie sse fang, d. i. er muchte die Strafen, um zu regeln die vier Weltgegenden." De Guignes Chou-king p. 77 erwähnt nach einem Werke Ta-ki, welches der Kang-mo citire, dass als der letzte Kaiser der Hia Kie, ein arger Tyrann, das Land bedrückte, der Tai-sse-ling das Reichsgesetzbuch in den Händen, Thränen im Auge, vor den Kaiser hintrat und ihm Vorstellungen machte, da er aber nicht erhört wurde, sich zum Fürsten von Shang (dem Stifter der 2. D.) zurückzog. Der Thatsache erwähnt das Bambubuch im 28. Jahre von Kie (Journ. As. Ser. III. T. 12 p. 561), aber von einem Reichsgesetzbuche, das er ihm vorgehalten habe, ist da nicht die Rede. Eine merkwürdige Stelle bei Tso-schi Tschao-kung Ao. 6 f. 35, S. B. 21 p. 166 fg. scheint vielmehr dafür zu sprechen, dass ein eigentliches Gesetzbuch ursprünglich nicht existirte. Damals (536 v. Chr.) gossen die Leute im Reiche Tsching das Strafgesetzbuch in Erz. Dagegen machte nun Scho-hiang dem Minister Tseutschan Vorstellungen: „die Kaiser der frühern Zeit schafften Rath bei Vorkommnissen durch Verordnungen, sie verfertigten keine Strafgesetzbücher; sie fürchteten, dass das Volk streitsüchtig werden möchte und man ihm dann noch weniger werde wehren können. Desshalb zogen sie eine Schranke durch die Gerechtigkeit; sie richteten es empor durch die Regierung, sie behandelten es nach den Gebräuchen, sie bewahrten es durch die Treue; sie huldigten ihm durch Menschlichkeit; sie erliessen Verordnungen über Gehalte und Ehrenstufen, es zum Gehorsam zu ermuntern; sie entschieden strenge in Strafsachen, es von Uebertretungen abzuhalten. Sie belehrten die Menschen durch Aufrichtigkeit, ermunterten sie durch Beispiele, unterrichteten sie mit Anstrengung, sie leisteten ihnen Dienste mit Freuden; sie überwachten sie mit Achtung; sie regierten sie mit Kraft; sie richteten sie mit Strenge. Ausserdem suchten sie höchst weise und verständige oberste Beamte, scharfsinnige Obrigkeiten, treue und redliche Aelteste, wohlwollende und gütige Vorsteher; so kann man dem Volke Zutrauen schenken und es entstehen nicht Unglück und Unordnung. Weiss das Volk aber, dass es Gesetze gibt, so fürchtet es die Höhern nicht mehr; alle neigen sich zum Streite, suchen die Bestätigung im Buche und rechnen es sich zur Ehre, etwas durchzusetzen; damit lässt sich nicht regieren."

(Erst) als die Dynastie Hia in Verfall gerieth, verfasste man das Strafgesetz des Yü (des Stifters der 1. D.); erst als die (2 D.) Schang in Verfall gerieth, verfasste man das Strafgesetz des Thang (des Stifters der D.); erst als die (3. D.) Tscheu in Unordnung gerieth, verfasste man das Buch der neun Strafen. Der Ursprung dieser drei Gesetzsammlungen fällt durchaus in die Zeit der mittlern Geschlechtsalter (zwischen Aufblühen und Untergang der Dynastie). Du bearbeitest die drei Gesetzsammlungen, du giessest das Strafgesetzbuch in Erz und willst dadurch das Volk beruhigen. Ist das nicht unmöglich? In einem Gedicht heisst es: „„Ein treffliches Gesetz ist Kaiser Wen's Tugend; täglich schenkt sie den vier Gegenden die Ruhe.""... Wenn dem so ist, wozu bedürfen wir der Gesetze? Kennt das Volk einmal die Ausgangspunkte des Streits, so wird es die Bräuche hintenansetzen und im Buche die Bestätigung suchen; es wird bis auf's Aeusserste streiten, Unordnungen und Streitigkeiten werden überhand nehmen, Geschenke und Bestechungen kommen an die Tagesordnung.... Ich habe gehört, wenn Reiche zu Grunde gehen sollen, so haben sie viele Gesetze."

Nach dieser interessanten Ausführung kann mau wohl eigentliche Gesetzbücher, auf welche das Volk sich berufen konnte, in früherer Zeit nicht annehmen. Es wurden nur einzelne Verordnungen erlassen und zwar nach Umständen und die Anordnung aller Lebensverhältnisse unter einer einsichtsvollen, wohlwollenden Regierung, der das Volk willig folgte, die Aufrechthaltung der Ordnung, gute Beamte u. s. w. waren die Hauptsache. Es ist zuletzt, wie es im Tschung-yung S. 29. heisst: „der weise tugendhafte Fürst bewegt sich und zeigt für Jahrhunderte dem Reiche den Weg; er handelt und gibt für Jahrhunderte dem Reiche Gesetze, er spricht und bietet für Jahrhunderte dem Reiche ein Muster."

Dass in späterer Zeit indess Gesetze selbst in Erz gegossen wurden, ergibt sich aus obiger Stelle und auch aus Tso-schi Tschao-kung Ao 29, S. B. 25 S. 113, auch im Kia-iü 41, f. 13. Zwei Grosse von Tsin hatten damals eine Menge Erz in Ju-pin (einem Gebiete der Barbaren) erbeutet; man goss daraus Dreifüsse des Strafgesetzes und veröffentlichte so das von Fan-siuen-tseu verfasste Strafgesetzbuch (Hing-schu) 513 v. Chr. Wir haben schon S. 679 erwähnt, dass Confucius dies missbilligte; diese Gesetze

waren von Fan-siuen-tseu während der Unordnung in Tsin, zur Zeit von Wen-kung von Lu Ao 6 (620 v. Chr.) gegeben worden. Confucius wollte, wie gesagt, Tsin solle die Gesetze bewahren, die es von Thang-schu (dem ersten Landesherrn von Tsin) empfangen hatte, und die Wen-kung (636—697), zur Zeit Hi-kung's von Lu Ao 27 (632 v. Chr.), noch erneuert hatte. Confucius legt auch, wie Tso-schi, das grösste Gewicht auf die Erhaltung der Rangordnung, durch sie sei das Volk im Stande, die Höhern zu ehren, die Höhern im Stande, ihre Stellung zu behaupten; Höhere und Niedere erlaubten sich dann keine Ausschreitungen."
Ein solches späteres Gesetzbuch der Tscheu mag denn das gewesen sein, welches der Scholiast zum Tscheu-li, 36 f. 30 (1), wie schon S. 676 bemerkt, erwähnt, aber schon zu seiner Zeit als verloren bezeichnet. Ein Buch der Strafe wird 506 v. Chr. auch bei Tso-schi Ting-kung Ao 4, f. 6 v., S. B. 27 S. 118 erwähnt, und wenn im Tscheu-li, B. 36 30 (f. 2) der Sse-hing (s. unten) nach dem Gesetze über die 5 Strafen (u hing tschi fa) dem Sse-keu angab, welche Strafe im einzelnen Falle auf eines der 2500 Verbrechen anzuwenden sei, setzt dies wohl auch einen Straf-Codex voraus.

3. *Die Publikation der Gesetze und Erlasse.* Wenn es in alter Zeit kein allgemeines Gesetzbuch gab, sondern wohl nur einzelne Verordnungen, so sorgte man doch dafür, dass diese, sie mochten nun das ganze Volk oder nur einzelne Klassen desselben betreffen, gehörig bekannt gemacht wurden. Dies galt immer für wesentlich. Schon im Schu-king Cap. Schün-tien 1. 2 §. 11 heisst es von Kaiser Schün: Er hiess die Strafgesetze publiciren; vgl. Cap. Yu-tsching 2, 4, 3: Alle Jahre im ersten Frühlings-Monate ging der Tsieu-jin auf die Strassen und ermahnte mit einer kleinen Glocke die Beamten bei Strafe, sich zu bessern und auf die Arbeiter zu sehen und Tso-schi Siang-kung Ao 14, S. B. 18 S. 147 citirt die Stelle. Cap. Liü-hing, IV, 37 f. 31 v. (S. 298) heisst es: Erklärt und eröffnet (publizirt) den Straf-Codex (Buch) [ming khi schu]. und das Bambu-Buch II, f. 6 v. sagt von Tscheu Tsching-wang Ao 21: Er liess (an der Palastpforte) die Strafgesetze wegnehmen (nach den Scholien, weil unter ihm keine Gesetzübertretung vorkam), unter Kaiser Tschao-wang Ao 1 (981) dagegen: Man stellte die Tafel mit den Strafgesetzen wieder auf (fu tschi siang wei), weil die Sitten sich verschlechtert

hatten), ib. f. 7. Im Tscheu-li ist von dieser Publikation der Verordnung öfter die Rede. Wir wollen nur eine Anzahl Stellen ausheben: 2 f. 46 heisst es vom Ta-tsai (Grossadministrator): „Am glücklichen ersten Tage des ersten Monats stellt er die verschiedenen Reglements über die Verwaltung zusammen und verbreitet sie in den Einzelreichen, Domänen und Apanagen. Die Tafeln über die Administrativ-Reglements hängt er auf am Siang-wei (es ist dies die Passage zwischen den beiden Thürmen an der Fasanenpforte des kaiserlichen Palastes). Er heisst das Volk sie sorgfältig prüfen und nach 10 Tagen nimmt er sie wieder weg." B. 3, f. 32 (10 v.) heisst es vom Siao-tsai (der dem vorigen zunächst stand): Zu Anfang des regelmässigen Jahres (der Ilia) tritt er an die Spitze aller Beamten seines Departements, erwägt die Tafeln über die Administrativ-Reglements, macht dann die Runde mit der Glocke mit hölzernem Schlägel (mo-to) und sagt: die Regierung hat beständige Strafen für Die, welche den Gesetzen sich nicht fügen. Zurückgekehrt nimmt er die Tafeln mit den Strafen des Palastes und stellt sie im Palaste aus. Er verkündet sie den 100 Beamten und sagt: „Dass jeder von euch seine Pflicht thue, das Reglement erwäge, seine Funktionen erfülle und dem Mandate, welches der Souverain ihm ertheilt, gehorche; für die, welche gegen die Befehle nicht voll Respekt sind, hat die Regierung grosse Strafen" (dies geht wohl auf den Palastdienst). Eine ähnliche Ermahnung ertheilt nach 9 f. 39 (10 f. 21 v.) der Ta-sse-tu; auch er bringt den 1. des 1. Mts. die Instruktionen in Uebereinstimmung, verbreitet sie, hängt die Tafeln an den bestimmten Platz auf, heisst das Volk sie wohl erwägen, und nach einer Dekade (10 Tagen) nimmt er sie wieder weg. Jeder Fürst und Vorstand einer Domäne erhält den Befehl, sein Volk ebenso zu unterweisen. Nach f. 56 erlässt er am Anfange des Jahres ähnliche Anweisungen, wie oben, an seine Dienstuntergebenen. Ziemlich in ähnlicher Weise verfährt nach 10, 26 (11. 12 v.) der Siao-sse-tu im Anfange des Jahrs, indem auch er mit der Glocke herumzieht und seine Beamten ermahnt und bedroht, wie der Siao-tsai oben; wer das Gesetz nicht anwendet (übt), für den hat das Reich beständige Strafen. In ähnlicher Weise verfährt auch der Ta-sse-ma, der Vorstand des Kriegswesens nach 29, 10 und nach 35 f. 12 (34, 17) der Vorstand des Criminalamtes, der Ta-sse-keu: an dem glücklichen Tage des 1. Monats

bringt er die Strafgesetze (die Veränderungen erlitten haben mögen) in
Uebereinstimmung (ho) und publicirt sie in den Fürstenthümern, Arrondissements und Cantons, hängt die Tafeln mit den Strafgesetzen (bing
siang) an dem dazu bestimmten Platze (Siang-wei, s. oben) auf, heisst
das Volk sie erwägen, und nach einer Dekade nimmt er sie wieder
weg. Aehnliches berichtet vom Siao-sse-keu 35, 32 (6 v.): „Zu Anfang
des Jahres tritt er an die Spitze seiner Beamten, prüft die Straftafeln
(kuan hing siang) und befiehlt mit der Glocke mit hölzernem Schlägel,
wer das Gesetz nicht befolgt, für Den hat das Reich beständige Strafen.
Er gebietet sämmtlichen Gerichtsbeamten (kiün-sse), die Strafgesetze
zu publiciren und in den 4 Weltgegenden zu verbreiten." (In der Hauptstadt und in der Umgegend hat es der Ta-sse-keu gethan.) Der
Sse (der zunächst unter ihm steht) proklamirt nach 35, 33 fg. (7) die
fünferlei Verbote, die den Palast (king tschi fa), die höheren Beamten,
die Hauptstadt (und Umgebung), das Land und die Armee betreffen.
Er proklamirt sie im kaiserlichen Audienzsaale (tschao), schreibt sie auf,
und hängt sie an den Dorfthoren (men-lih) auf, dass die Verbrechen
unter dem Volke sich nicht mehren. Es sind die Armeebefehle, Anweisungen für die grossen Versammlungen der Würdenträger, Jagdterlasse
und Verordnungen für die Hauptstadt, Domänen und Apanagen (Tu Pi).
Zu Anfang des Jahres publicirt der Sse-sse (-schi) nach f. 51 (11 v.) an der
Spitze der Beamten die Verbote und Befehle (kin ling) in der Hauptstadt (kue), dem Weichbilde (kiao) und den Feldern (ye oder dem Lande
ausserhalb desselben). Nach 37, 14 (36, 17) gab es einen eigenen Verkünder (Pu-hien), der die Verbote und Strafen zu verkünden hatte.
An dem glücklichen 1. Tage des 1. Monats nimmt er die Fahne mit dem
Siegel (sing-tsie) und verkündet und verbreitet sie in den 4 Weltgegenden.
Er verkündet des Reiches Strafen und Verbote, um die Lehenreiche der
4 Weltgegenden mit ihren Apanagen und Domänen zu regeln und verbreitet sie bis zu den 4 Meeren. Bei grossen Versammlungen von Menschen verkündet er die darauf bezüglichen Befehle, Verbote und Strafen.
Wie Meng-tseu 1, 2, 2 p. 17 an der Gränze von Thsi ein Jagdverbot
fand, ist S. 680 schon erwähnt.

4. Die Vollziehung der Gesetze. Die Kaiser und die Fürsten vollzogen nicht selbst die Gesetze, sondern hatten dazu ihre bestimmten, sehr zahlreichen Beamten. Von Kaiser Wen-wang heisst es im Schuking Cap. Li-tsching 4, 19 p. 251: Er mischte sich nicht in Sachen, die vor den Richter kamen, in Prozesse, Verifikationen, Confrontationen u. s. w., er sah nur darauf, ob die You-sse und Mu-fu (Criminal- und Civil-Richter) die Gesetze beobachteten oder nicht [1]). Die Strafgewalt wurde vom Kaiser in ihren Gebieten den Vasallenfürsten übertragen. Im Li-ki Cap. Wang-tschi 5 f. 11 heisst es: „Die Tschu-heu, die der Kaiser mit Bogen und Pfeil beschenkte, konnten (gegen Rebellen) zum Kriege ausziehen; die er mit Axt und Beil beschenkte (i fu schuai), konnten Todesstrafen vollziehen (scha)." Nur missbräuchlich geschah es, wenn die Fürsten persönlich Todesstrafen verhängten. Der vierte Artikel der Fürstenvereinigung unter Huan-kung von Thsi lautete nach Meng-tseu 2, 6, 22 (12, 7 p. 159), dass der Fürst persönlich hohe Staatsbeamte nicht tödten lassen solle. Auch hier sollten die Gerichtsbeamten entscheiden. Wir werden von diesen unten beim Criminalrechte besonders sprechen und erwähnen hier nur, dass jeder höhere Beamte über seine Untergebenen ein Aufsichts-, Belohnungs- und Strafrecht hatte. Wir haben schon oben S. 684 die hieher gehörige Stelle im Schu-king Cap. Yu-tsching 2, 4 f. 23 v. (S. 67) angezogen. Vom Tsai-fu heisst es Tscheu-li 3 f. 40 (13 v.): „Er prüft das Betragen der 100 Beamten, berechnet, was sie einnehmen und ausgeben. Die, welche Produkte verlieren oder unregelmässig verbrauchen und Fälschungen machen, straft er, nachdem er sich darüber mit dem Tschung-tsai benommen hat; die aber die Vorräthe erhalten, sparen und einen Ueberschuss haben, die belohnt er" und im Tscheu-li 10, 25 (11, f. 12 v.) vom Sino-sse-tu: Am Ende des Jahrs prüft er das Verhalten seiner Unterbeamten und belohnt oder bestraft sie. Aehnlich heisst es vom Ta-sse-tu 9, 56 und 10, 35 (11, 17) vom Distriktschef (Hiang-sse): Bei den grossen Jagden in den 4 Jahreszeiten erlässt er Strafverordnungen und Verbote (ling

---

1) Nur bei der 5jährigen Inspektionsreise (Siün-scheu) der Kaiser verordnete dieser nach Li-ki Wang-tschi 5 f. 9 v. (und doch wohl auch durch seine Beamten) Strafen gegen die Vasallenfürsten: die nicht ehrerbietig (pu-king), verkürzte er an Land (Lio i ti); die unfromm waren, denen nahm er die Ehrenämter (tscho-i-tsio); die nicht folgsam waren, verbannte er; welche Gesetze, Masse und Kleider veränderten und abfielen, die tödtete (strafte) er u. s. w. Tscheu-li 29, 6 sagt Aehnliches vom Ta-sse-ma.

kiu hing) und bestraft die Widerspänstigen, schlichtet auch ihre Streitsachen. Nach 11, 16 (12, 7 v.) vertheilt auch der Vorsteher des Arrondissements die Strafen und Belohnungen unter Denen, welchen er vorgesetzt ist; der Liü-siü straft nach 11, 34 (12, 15) seine Leute mit dem Rhinoceroshorn (aus dem sie zur Strafe trinken mussten) und durch Stockschläge. Vom Tu-sse-keu heisst es 35, 11 (34, 16 v.) u. 36, 21: Alle verlassenen und hülflosen Greise und Kinder, nahe oder ferne vom Hofe, die sich an die höchste Gewalt wenden wollen, und die ihre Beamten nicht zulassen, stellen sich um Lungenstein (s. unten) auf; binnen drei Tagen hört er ihre Klage, berichtet darüber an die oberste Gewalt und bestraft die Obern, über welche sie sich beklagten (Tsui khi tsung). Es ist dies ungefähr eine Strafgewalt, wie sie bei uns dem Hofmarschall-Amte und ähnlichen Aeutern über das ihnen untergeordnete Dienstpersonal zusteht. Dieses genüge als Einleitung. Wir kommen nun zu den Rechtsverhältnissen selbst.

1. Das Civil- oder Privatrecht.

Was zunächst das *Personenrecht* betrifft, so kannte das alte China keine Sklaverei [1]). Der Ausdruck Nu, Sklave, kommt erst unter der 3. D. Tscheu vor, und bezeichnet da nur Staats-Sklaven, d. h. zu öffentlichen Arbeiten, doch nur auf Zeit, verurtheilte Verbrecher, die unter Aufsicht gewisse Arbeiten verrichten mussten (Kuan-nu). Kinder, Greise über 70 Jahre und Beamte konnten nach Tscheu-li 36, 47 fg. auch zu dieser Strafe nicht verurtheilt werden. Indess gab es manche Abhängigkeits-Verhältnisse auch sonst noch. Die zweite Frau wurde oft auf dem Markte gekauft (Tscheu-li 14, 15), rangirte nach 2, 24 (8 v.) neben dem Diener (Tschin) und stand in einem sehr abhängigen Verhältnisse von der ersten Frau und das Schriftzeichen für Sklave, Nu ist zusammengesetzt aus den Zeichen von Frau, Cl. 38, und Cl. 29, Hand. Vgl. Tscheu-li 2, 24. Der Y-king erwähnt schon Diener, und im

---

1) S. Ma-tuan-lin K. 11 f. 26 fg.: Na-pei; Cibot Mém. T. 15 p 140—142, T. 19 p. 344 fg.; T. 2 p. 410; besonders E. Biot Mém sur la condition des esclaves et des serviteurs gagés en Chine, Journ. As. 1837, Sér. 3 T. 3 p. 246—299.

Schu-king spricht Wen-wang von flüchtigen Dienern [1]), die man ausliefern solle. Auch die Kriegsgefangenen standen, wie wir unten sehen werden, in einem abhängigen Verhältnisse. Endlich musste Jeder [2]) im Jahre einige Tage Frohndienste (Li-yü) leisten, um die öffentlichen Arbeiten zu beschaffen. Beim Verfalle der D. Tscheu im 6. und 7. Jahrhunderte, wo die Feudalfürsten sich in ihren einzelnen Reichen der Herrschaft bemächtigten, plagte und tödtete Mancher seine Diener; die Freiheit dieser, ihre Herren zu wechseln, ging mehr und mehr verloren; doch erwähnt die Geschichte noch keiner eigentlichen Privatsklaven. Diese veranlassten erst die ungeheuren Kriege [3]) und das Elend nach dem Tode Thsin Schi-hoang-ti's, und die folgende D. Han erlaubte dann den Aeltern, aus Noth ihre Kinder zu verkaufen. Doch will schon im Jahre 403 der Fürst von Tschao nach dem Sae-ki B. 43 f. 16 v. 2 Sängern 10,000 Acker sammt den Menschen schenken, was sein Minister aber nicht ausführt. S. Pfizmaier, Geschichte von Tschao, S. 19.

Was die Verhältnisse der Frau zum Manne, die Ehe, die Scheidung, dann das Verhältniss des Sohnes und der Kinder zum Vater betrifft, so haben wir diese in unserer Abhandlung: „Ueber die häuslichen Verhältnisse der alten Chinesen" (in den Sitz.-Ber. der bair. Akad., 1862, Hft. 2) bereits ausführlich erörtert; ich hebe daher hier nur die Hauptpunkte hervor, dass die Frau in beständiger Abhängigkeit vom Manne war,

---

1) Tso-schi Tschao-kung Ao 7, S.B. 21. 171 versteht die Stelle von entlaufenen Verbrechern.
2) S. Tscheu-li 10, 5 S. 28; 11,2; 15, 14; 20, 13. S. unten. Ausgenommen waren Personen von Rang, Verdienst, Beamte, Greise und Kranke. S. Tscheu-li 11, 4 u. Li-ki Cap. Wang-tschi 6.
3) Pfizmaier S.B. B 81 S. 130 spricht von Sklaven unter Tsi Huan-kung (685—643 v. Chr.), aber der See-ki B. 83 f 8, den er übersetzte, hat nur Hoe, Gefangene. See-ki B 68 f. 8, S. B. 29 S. 109 heisst es von Pe-li-hi (dem spätern Minister von Thsin Mo-kung) 655: „Ein Mann aus Tschu, hörte er von der Weisheit Mo-kung's von Thsin. Für die Reise fehlten ihm aber die Mittel. Da verkaufte er sich selbst (tseu yo) an einen Gast aus Thsin und in seinem häusenem Gewande fütterte er die Rinder u. s. w ;" aber das sind spätere Geschichtchen, und nach See-ki B 5 f 9 kaufte Mo-kung den in Tschu gefangenen Pe-li-hi los. Aber nach Tso-schi Siang-kung Ao 11, S. B. 18 S 141 schenken die Leute von Tsching (Ao 562 v. Chr.) dem Fürsten von Tsin die Meister Khuei, Tschho und Kiuen, Glocken für den Gesang, zwei Reihen — — und Musikantinnen zweimal acht Waren es ursprünglich Gefangene, die man einem andern Fürsten überliess? Vgl auch See-kiB. 40 f. 10 v., S. B. 44 S. 87 Da sagt der besiegte Fürst von Tsching zum Fürsten von Tscha, er könne die Einwohner als Diener und Mägde an die Vasallenfürsten verschenken (i tschin thsi tschu heu), und unter Thsin Tschao-wang (278 v. Chr.) gehen sie in die Verbannung, werden Knechte und Kalaweiber (Po thsin). See-ki B 78 f 4, S B. D.31 S. 100.

vor der Verheiratung von ihrem Vater, nach derselben von ihrem Ehemanne, nach dessen Tode als Wittwe vom ältesten Sohne; dass die Ehen nicht aus Neigung sondern von den Eltern geschlossen wurden; dass der Chinese ursprünglich und die Masse wohl immer überhaupt nur eine Frau hatte, aber, um den Ahnendienst, fast den einzigen Cultus der Privaten, fortsetzen zu können, wenn sie keinen Sohn erzielte, auch noch eine zweite Frau nahm, die in untergeordneten Verhältnissen zur ersten stand, die Fürsten und Kaiser aber, die Alles doppelt und dreifach haben wollten, sich später ganze Harems zulegten, zu deren Bewachung schon Eunuchen vorkommen, die Scheidung aber fast nur dem Manne zustand. (Die Scheidungsgründe sind dort angegeben.) Eine Wittwe verheiratete sich ungern zum zweiten Male.

Der Sohn war bei Lebzeiten des Vaters in beständiger Abhängkeit vom Vater und Kinder konnten, solange er lebte, kein Eigenthum erwerben. Die Schwiegertöchter, die meist mit den Alten zusammen lebten, standen in gleichen Abhängigkeitsverhältnissen. Dies möchten die Hauptpunkte aus dem Personenrechte sein.

Was das Sachenrecht betrifft, so hat dieses in China noch jetzt nicht die Bedeutung und Ausdehnung, wie in Europa seit der Römerzeit. Das Mein und Dein hat dort nie eine so grosse Rolle gespielt, als bei uns und alle die verwickelten Verhältnisse des Obligationsrechtes sind den Chinesen grösstentheils noch unbekannt. Dies war noch viel mehr im Alterthume der Fall, wo es in China gar kein Privateigenthum am Grundbesitze gab. Die Nachrichten [1]) darüber sind freilich sehr dürftig, indess scheint soviel gewiss, dass unter allen 3 Dynastieen der Staat der einzige gesetzliche Eigenthümer aller Ländereien war. Er vertheilte das Land unter die Familien nach ihrer Personenzahl und nach der Beschaffenheit des Landes und behielt sich nur $^1/_{10}$ des Grundbesitzes vor, welches die Landbauer für öffentliche Zwecke für ihn mit bestellen mussten, um aus dem Ertrage den Hof und die Beamten zu unterhalten. Jeder musste ausserdem im Jahre einige Tage frohnden, um die öffentlichen Arbeiten zu beschaffen. Wald, Teiche, Minen behielt

---

1) S. Ma-tuan-lin Wen-hien-tung-kao, 1—7; S. E. Biot sur la condition de la propriété territoriale en Chine, depuis les tems anciens. Journ. As. Ser. III, T. 6, p. 255—256.

die Regierung sich vor zur Bestreitung der übrigen Bedürfnisse, doch konnte auch das Volk unter gewissen Vorbehalten sie benutzen (s. Du Halde T. 2 p. 576.). Auch die Salinen und Zölle waren dem Kaiser und den Fürsten vorbehalten. (S. P. Cibot Mém. T. 13, p. 321.). Der Städte waren erst nur wenige mit einer schwachen Bevölkerung und die einzelnen Staaten lange durch unbebaute Distrikte getrennt. Im Einzelnen mögen unter den 3 Dynastien Verschiedenheiten in diesem Systeme stattgefunden haben, wir sind darüber aber nur mangelhaft unterrichtet. Meng-tseu 1, 5, (11) 3, p. 74 sagt: „Unter der (1. D.) Hia erhielt der Mann 50 Morgen (Meu) [1]) und zahlte davon die Abgabe Kung" (nach d. Schol. den Ertrag von 5 Meu davon für den Staat). — Der Schu-king im Cap. Yü-kung II, 1. S. 55 erwähnt, wie im Gebiete des Kaisers (Tien-fu) von 500 Li, nachdem dieses 1-, 2-, 3-, 4-, 500 Li von der Residenz entfernt war, das Korn mit dem Stengel, — ohne solchen, — nur die Aehren, — ungereinigt — oder gereinigt abgeliefert wurde u. s. w.[2]). Das Detail wird besser bei den Abgaben erörtert werden. — „Unter der (2 D.) Yn (seit 1766 v. Chr.), — fährt Meng-tseu fort, — erhielt jeder Landbauer 70 Meu und entrichtete davon die Abgabe tsu „(das Ganze war nach dem Schol. in Tsing von 630 Meu getheilt, ringsum mit Gräben, Rinnen und Dämmen (kia) versehen, und ein solcher unter acht Häuser vertheilt, ein Theil davon, der mittlere, war Staatsland, welches alle acht Familien zusammen mittels Frohnen bebauen mussten). Unter der (3 D.) Tschou, schliesst Meng-tseu, erhielt jeder 100 Meu und zahlte die Abgabe Tschhe davon. Im Wesentlichen, sagt er, war das System dasselbe; das Volk zahlte immer der Regierung den Zehnten in natura; bei der Abgabe (Kung) noch Meng-tseu nur nach einem Durchschnitte von mehreren Jahren, was er missbilligt. Die Nachrichten über dies

---

1) Einen Meu schätzt Biot zu drei Ares, à 2 ☐Ruthen, nach Meadow Transact. of the China branche of the As. Soc. 1848 p. 6 beträgt er jetzt 6342 G engl. Fuss, etwa ½ Acre.
2) Danach scheint unter der 1. Dynastie kein Staatsland bestanden zu haben, womit auch Meng-tseu in der gleich anzuführenden Stelle 1 b. 3, p. 75 übereinzustimmen scheint. Nach dem Bambubuche unter Hien-Wang Ao 4 liess dieser Kaiser 364 den See von Peng-ki, (nördlich von Khai-fung-fu in Ho-nan) ab und überliess dem Volke das Land Biot Nouv. Journ. As. Ser. III, T. 13, p. 422 bemerkt, dass der See-ki (?) B. 44 dieses Factum unter Hoei-Wang (?) Ao.31 setze.

System weichen aber mehrfach ab. Nach dem Liederbuche (Schi-king) 3, 2, 6 führte Kung-liou, der Ahn der Tscheu (1797 v. Chr.), schon in seiner Colonie das System der Tscheu ein; er theilte den Acker (Tsing) in neun Theile von je 100 Meu; acht erhielten einzelne Familienväter und sie mussten den neunten für den Staat bebauen [1]); Meng-tseu 2, (10, 2), 4, 16 und Li-ki Wang-tschi c. 5 f. 2 sagen: „Jeder erhielt 100 Morgen; gut gebaut, ernährten die neun Menschen, die 2te Klasse 8, die 3te 7, die 4te 6, die unterste 5 Menschen." Nach dem Tscheu-li 9, 27 bestimmte der Ta-sse-tu die Apanagen und Domänen (Tu-pi), bezeichnete ihre Gränzen durch Dämme und Kanäle und vertheilte das Gebiet nach der Zahl der Häuser. Vom Lande ohne Wechsel (d. h. welches jährlich bebaut wurde) erhielt jede Familie 100 Meu; von solchem mit 1jährigem Wechsel (d. h. welches ein Jahr lang brach lag) erhielt sie 200; von dem mit 2jährigem Wechsel, (d. h. welches in drei Jahren nur einmal bebaut werden konnte) 300 Meu. Im Tscheu-li 10, 8 heisst es: der Siao-sse-tu vertheilt gleichmässig die Ländereien nach der Zahl der Bevölkerung; auf dem besten Lande besteht eine Familie aus sieben Individuen (Männern und Frauen), wovon drei dem Staate dienen müssen; auf dem mittleren Lande rechnet man auf die Familie sechs Individuen und zwei Familien stellen da fünf Individuen zum Staatsdienste; auf dem schlechtesten Lande rechnet man die Familie nur zu fünf Personen, wovon zwei dem Staate dienen mussten; ebenso fin Kriege nach 29, 13. Das beste Land hiess wo ²/₃, das mittlere, wo die Hälfte, das geringste, wo nur ¹/₃ der Ländereien jährlich produktiv waren. Doch nahm man zum gewöhnlichen Dienste von der Familie nur eine Person, die andern dienten nur zur Ergänzung bei grösseren Jagden, Eskorten u. s. w.* Nach f. 14 theilte er das Ackerland in Tsing und das Weideland in Mu. Neun Loose von Anbauern bildeten einen Tsing, vier Tsing eine Y (Sektion), 4 Y 1 Khieu (Hügel), 4 Khieu 1 Tien, 4 Tien 1 Hien, 4 Hien eine Vereinigung (Tu). Vgl. auch den Sso ma fa bei Ma-tuan-lin 1 f. 2 v. sq. Diese Abthei-

---

[1] Sohun vom Kaiser Yü 2205 v. Chr. finden wir im Schu-king Cap. Yü-kung 2, 1 die Güte der verschiedenen Bodenarten und danach das Mass der Abgaben in den einzelnen Provinzen bestimmt.

lungen dienten, die Arbeiten des Feldbaus zu bestimmen und die Abgaben
zu regeln [1]. Er theilte die Gebiete der verschiedenen Reiche ab, bestimmte,
wie sie bewacht werden, die Arten der Arbeiten und die Abgaben. Nach
B. 13 f. 13 (14 4) bestimmt der Kiün-jin oder Ausgleicher in guten Jahren
drei Tage, in mittelmässigen zwei, in schlechten, wo Misswachs ist, nur einen
Tag für die Dekade des Fürsten; bei Epidemien und andern Calamitäten wurden alle Frohnen und Abgaben erlassen. Leute von Rang, Verdienst und Fähigkeiten, Beamte, Greise und Kranke waren nach 11,4 im
Innern des Reiches von Frohnden frei. Vgl. S. B. 35, S. 213 fg., schon
bei Du Halde T. 2 p. 487 u. 539. Li-ki Cap. Wang-tschi 5 und nach Cap. Tsi-i
19 p. 123 waren in alter Zeit Fünfziger keinen Frohnen mehr unterworfen: auch das erst neu angekommene Volk (Sin-mung) war eine Zeit
lang von Abgaben und Frohnden frei. Nach B. 12 f. 23 fg. legt der
Tsai-sse den verschiedenen Ländereien die Abgaben auf; in der Hauptstadt, den bebauten Plätzen und Wohnungen (Tschan und Li), den angebauten Gartenräumen im Weichbilde (bis 50 Li [2] von der Hauptstadt), den
Wohnungen der Nichtangestellten, den Feldern der Graduirten und der
Kaufleute, in den entfernteren Distrikten (bis 100 Li) den der untern
Beamten, Hirten u. s. w.; er besteuerte dann auch besonders die kaiserl.
und andern Domänen und Apanagen. Die Häuser der Hauptstadt wurden
nach f. 32 nicht besteuert, die bebauten Flächen aber darin mit $^1/_{20}$
des Produktes, die dem Weichbilde am nächsten mit $^1/_{10}$, die im fer-
nern Weichbilde mit $^3/_{20}$, die ausserhalb in den Apanagen mit $^2/_{10}$, von
den Sümpfen und Gehölzen nahm man $^5/_{20}$. Bepflanzte und besäete
Einer sein Stück Land bei der Wohnung nicht (mit Maulbeerbäumen
und Hanf), so musste er dafür die Haussteuer zahlen; bebaute Einer
ein Feld nicht, so musste er die Abgaben eines Hauses (uo) von drei

---

1) Nach dem Schol. bestimmte der Siao-sse-keu, welches Land für Wiesen geeignet war, den
gelben- und weissen Boden für Weizen-, den fetten und nassen für den Reissbau. Nach
Li-ki Cap. Tsi-tung 20, p. 132 wurden im Alterthume im Herbste beim Ahnenopfer
(Schang) die Felder vertheilt und der Tschen-li 15, 4 sagt: Der Sui-jin fixirt die Menge
(Mung); durch die Feldloose (von 100 Meu) und (5) zur Wohnung (mit Gärten) ermuntert
er sie, indem er ihr die nöthigen Ackergeräthe austheilt und nach ihrer Stärke die Arbeiten und die Abgabe regelt.
2) Eine Li oder chinesische Meile schätzt Biot I, p. 277 auf $^1/_{10}$ franz. Meile; 25 auf einen
Grad gerechnet.

Familien entrichten. Leute des Volkes, die keine Profession trieben, mussten die Abgabe von einem Mann und einer Frau mit einem Beisassen tragen. (Man sieht, Alle wurden zur Thätigkeit und Arbeit angetrieben, und desshalb zu den Abgaben herangezogen). Wir müssen anderes Detail über die Besteuerung hier übergehen. Ganz China, ergiebt sich, war wie ein grosses Pachtgut oder eine Reihe von grossen Landgütern. Der Kaiser und die Fürsten waren die Grundbesitzer, die das Land nicht nur vertheilten, sondern auch die Art der Bestellung im Einzelnen bestimmten, und die Bearbeitung ursprünglich selbst, später durch ihre Beamten beaufsichtigten und aushalfen, wo es fehlte. Solche waren der Tsai-sse; nach Tscheu-li 12, 23 und der Sui-jin nach 15, 5. Nach Li-ki Cap. Ynei-ling 6 S. 24 heisst der Kaiser im ersten Frühlingsmonate die Beamten, die dem Ackerbaue vorstehen, die Gränzen berichtigen, Wege und Kanäle in Ordnung halten und nach der Natur des Bodens das Volk anweisen, was für ein Getreide es zu bauen hat. Im dritten Frühlingsmonate lässt er nach S. 26 die kaiserl. Kornspeicher und Magazine eröffnen, um unter die Armen Korn und Kleider zu vertheilen. Im ersten Sommermonate muss der Sse-tu den Distrikt der Hauptstadt durchgehen, dass kein Landmann müssig bleibe u. s. w. — Auch der Ta-sse-ma hatte nach Tscheu-li 29, f. 8 die Vasallenfürsten zu bestrafen, wenn ihre Felder unfruchtbar waren, und ihr Volk sich zerstreute, wurde ihr Gebiet reduzirt. — Im ersten Wintermonate werden nach Li-ki Cap. 6, S. 31 die Felder besichtigt, dass Alles gut einkommt, und Nichts draussen bleibt. Im dritten Herbstmonate ertheilt nach f. 76 der Beamte (Yeu-sse) Befehl, dass das Volk sich beeile, allerlei Gemüse (Tsai) einzusammeln und Vorräthe zusammenzubringen, Waizen zu säen. Keiner soll die Zeit versäumen oder er wird bestraft. Der Liu-sse sammelt nach Tscheu-li 16, 1 das Korn für den Staat ein.

Auf diese ältesten Zeiten geht offenbar die Stelle Meng-tseu's 1, 2, 4, (18) S. 20 über die Besuchsreisen der Kaiser: „In jedem Jahre im Frühling besuchte er die die Aecker pflügten und ergänzte, wo es am Saat fehlte; im Herbste untersuchte er die Aerndte und half aus, wo sie nicht genügte. Ein Sprichwort der Hia sagte: „Wenn unser Fürst nicht die Rundreise macht (siün-scheu), wie können wir zur Ruhe gelangen? wenn unser Fürst nicht für uns sorgt, wer wird uns dann beistehen?" Man sorgte für Vorräthe auf mehrere Jahre: „Wenn das Reich (Kue), heisst es im Li-ki Cap. 5 Wang-tschi f. 13 fg., keinen Vorrath (Tscho) auf neun Jahre hat, ist es nicht genug; wenn nicht auf sechs Jahre, heisst es bedrängt (Ki); wenn nicht auf drei Jahre, sagt man, das Reich is nicht soin (recht). Nach 3jährigem Anbau hat man gewiss Nahrung für ein Jahr übrig; nach 9jährigem für drei Jahre. Nach 30jährigem Durchschnitt (Tung) wird, wenn auch eine Calamität, eine Dürre oder Wasserüberfluss eintritt, das Volk kein krankes Ansehen haben; dann hält der Kaiser seine Mahlzeit und begleitet sie mit Musik." Nach Tscheu-li 16 f. 42 fg. hat der Kornmagazinmann (Lin-jin) die vier Arten von Korn zu berechnen, um die Vertheilung von Nahrungsmitteln auf Staatskosten zu besorgen. Er berechnet die Mittel des Staates, ob sie genügen oder nicht, und zeigt der höchsten Gewalt deren Verwendung an. Auf den Mann rechnet man in guten Jahren 4, in mittleren 3, und in schlechten 2 Fu (nach dem Schol. à 6$\frac{1}{10}$ Scheffel im Monate). Ist so viel nicht da, so heisst er das Volk versetzen und aus Bezirken, wo Vorrath ist, Korn herbeischaffen und erinnern den Souverain, die Staatsausgaben zu beschränken." Trat Misswachs, Ueberschwemmung u. dgl. ein, so wurde nämlich die ganze Bevölkerung, auch wohl die Hauptstadt selbst versetzt; auf diesen letztern Fall geht der Schu-king im Cap. Pan-keng 3, 7 und bei Meng-tseu 1, 3 rühmt Hoci-Wang (370—334 v· Chr.), der Fürst von Leang (Wei), sich noch, dass, als Hungersnoth innerhalb des Hoang-ho (Ho-nui) geherrscht habe, er die jungen und starken Leute östlich vom Flusse hin nach Ho-tung versetzt, den Alten und Schwachen in Ho-nui aber Korn gesandt habe [1]), als in Ho-tung Hungersnoth geherrscht habe, er ebenso verfahren sei." Der Versetzung des Volkes beim Misswachs durch den Ta-sso tu erwähnt der Tscheu-li 9 f. 55, der durch den Sse-sse 35, 45.

Wie lange aber dieses System in China gedauert hat, ist schwer zu sagen; zu Meng-tseu's Zeit bestand nach 1, 6, 8, wo er war, es offen-

---

[1]) Nach Meng-tseu I, 2, 5 (J3) sorgte Wen-wang für die Wittwen und Waisen u. s. w. Auch der Fürst von Tsi öffnete seine Magazine für die Bedürftigen nach Meng-tseu 1, 2, 4, p. 21. Nach Li-ki Cap. Yoei-ling 6 p 55 lässt der Kaiser im dritten Frühlingsmonate die Kornmagazine eröffnen, die Armen zu unterstützen.

bar nicht mehr; denn er rühmt es als die treffliche Einrichtung der alten Zeit. Der Li-ki Cap. Wang-tschi 5, S. 17 sagt: „Vor Alters baute das Volk das Staatsland, zahlte aber weiter keine Grundsteuer. Die Marktbuden zahlten eine Taxe, aber die Waaren weiter nicht. Die Zöllner untersuchten was einpassirte, aber erhoben keinen Zoll davon," und Meng-tseu I, 3 5, p. 45 empfiehlt das. Ma-tuan-lin I, 14 fgg. gibt darüber folgende wenige Data: In Lu (Schan-tung) scheint Siuen-kung Ao 15 zuerst eine feste Grundsteuer auf das Land gelegt zu haben [1]). Das Volk unzufrieden, bebaute nach dem Schol.. die Staatsfelder nur nachlässig: um nun die Kosten für seine Unternehmungen aufzubringen, erhob er ausser dem Ertrage des Staatsfeldes den besten Theil vom Ertrage der Felder der Privaten und so mehr als den Zehnten.' Diese Abgabe hiess die Feldabgabe (tien-fu). Lu Tschingkung Ao 590 scheint das System khieu-kiao eingeführt zu haben [2]); der kiao enthielt nach dem Tscheu-li 64 Tsing, der Khieu nur 16. Gewöhnlich erhob der Fürst als ausserordentliche Abgabe vom kiao im Kriege einen Kriegswagen, 4 Pferde, 10 Rinder, 3 Reiter in Panzer und 72 Fusssoldaten; er forderte nun das vom khieu, also das Vierfache. Die 3te Angabe ist aus Lu Ngai-kung's Regierung Ao 12 (484 v. Chr.) [3]). Confucius

---

1) Ma-tuan-lin citirt nur die Worte aus Confucius Tschün-thsieu: Scho schue meu, d. i.: man begann eine Abgabe zu erheben vom Felde oder vom Morgen; das Uebrige ist Erklärung des Schol. und er giebt dann noch die Erläuterungen aus Tso-schi's tschuen, Kung-jang's tschuen f. 32 und Ko-leang's tschuen f. 2J dazu

2) Ma-tuan-lin hat wieder nur die Stelle aus Confucius Tschhün-thsieu: im 1ten Jahre, im 3ten Monate tso khien kia, machte (erhob er) die Panzer (Bepanzerten) vom Khieu und erläutert dies durch Tscheu-li 10, 21 fgg.).

3) Confucius in Tschhün-thsieu hat wieder nur die Worte: Yung tien fa, d. i.: er bediente sich (erhob) eine Abgabe von den Feldern. Ma-tuan-lin erläutert das und fügt dann die Stelle aus Tso-tschuen Ao II, f. 21, S. H 27, S. 151 hinzu. Sie findet sich auch mit Abweichungen in dessen Kue-iü, Lu-iü Cap. 2, f. 17 und ähnlich in Kia-iö Cap. 41. f. 15. Ki-sün — heisst es da — wollte die Felder mit Abgaben belegen und liess Confucius desshalb durch seinen Schüler befragen: „Will Ki-sün, sagte Confucius, nach den Vorschriften handeln, so sind die Anordnungen (Tien) Tscheu-kung's noch vorhanden; will er aber auf Geradewohl handeln, wozu lässt er da noch fragen?" Aber Ki-sün hörte nicht darauf. Ma-tuan-lin giebt dann noch eine Erläuterung aus dem Tschen-li, und darauf Ngai-kung's von Tsi Gespräch mit Yeu-jo aus Lün-iü II, 12, 9, welches ergiebt, dass dieser Fürst mehr als ¹/₁₀ an Abgaben erhob. Dann folgt Confucius Aeusserung gegen Ngai-kung: Wenn das Volk reich, sei der Fürst nicht arm! Das weitere Detail S. in meinem Leben des Confucius. Dann folgt, wie Wen-kung von Teng Meng-tseu nach der alten Felderabtheilung (Tsing-ti) fragen lässt, und Meng-tseu's Auseinandersetzung I, 5, 3, p. 76 mit Tschu-hi's Erklärung.

(Lün-iü 2, 11, 16, vgl. 2, 12, 9 u. bei Meng-tseu 2, 7, 14) eiferte gegen die Erhebung von mehr als dem Zehnten und Meng-tseu im 4ten Jahrhunderte v. Chr. 1, 1, 3 S. 4 und 1, 1 z. E. § 49, suchte vergebens das alte System des Staatsfeldes wieder aufzubringen [1]), das also damals, wenigstens in ganz China nicht mehr existirte. In Wei war unter Wen-heu (423—386) auch ein besondres System einführt; [2]) von jedem Meu wurden 13 Scheffel erhoben. Es ist dies aber ziemlich dunkel. Eine permanente, feste Grundsteuer datirt von Thsin Hiao-kung Ao 12 (349 v. Chr.) und seinem Minister Schang-yang. Er liess zwischen den Feldern der verschiedenen Anbauer von Nord. nach Ost. und von Ost. nach West. Wege ziehen und forderte von jedem so begränzten Felde eine feste Abgabe in natura [3]). Die grossen Abtheilungen (Tsing) wurden abgeschafft. Obwohl die Abgabe nach Einigen ⅔ vom Brutto-Ertrage betrug [4]), soll doch sein Reich blühend geworden sein und im Stande den Wettstreit mit andern Reichen ausgehalten. Er scheint auch Privaten Ländereien als Eigenthum mit dem Rechte, sie zu kaufen und zu verkaufen, gegeben zu haben [5]), wozu das Volk früher nicht berechtigt war. Unter Thsin Schi-hoang-ti (dem Gründer der 4. D., seit 230 v. Chr.) Ao 31 bildete sich dann das System von Privatgrundeigenthum immer mehr aus. Vgl. Ma-tuan-lin I, f. 21 v.

Bei diesen Verhältnissen des Grundeigenthums im alten China, sieht man, konnte von einer solchen Ausbildung des Privatsachenrechts, wie in Europa, dort nicht die Rede sein. Es finden sich daher auch nur

---

1) Meng-tseu I, S. 5 p. 45 sagt auch: Lass den Landmann das Staatsfeld bepflügen, aber ausserdem keine Abgabe vom Lande zahlen, dann werden alle im Reiche mit Freuden dein wüstes Land bebauen.

2) Ma-tean-lin I, f. 17 v. fgg. nennt seine Quelle nicht; die zweite Stelle f. 18 ist aus dem späteren Han-schu im J-wo B. 101, f. 11 v

3) Ma-tuan-lin I, f 18 hat nur: Thsin Hiao-kung begann eine Abgabe zu erheben (Schi wei fa) aus Sse-ki B. 5, f. 22, wo aber Ao 14 steht — Sein Minister Schang-Yang führte das ein. S. Sse-ki B. 68. f. 6 v., S. B. 22, S. 105 (wai tien kbai tsien me fung kiang en fu schue Ling).

4) Nach Tso-schi, Tschao-kung Ao 2, S. B. 20 S. 538 nahm auch der Fürst von Tsi 540 v. Chr. ⅓ seines Verdienstes dem Volke und liess diesem für Kleidung und Speise nur ⅓.

5) Sse-ki B 81, S. B. 28, S. 81 sagt die Mutter Tschao-ko's in Tschao: die Felder und die Häuser, die ihr Sohn verkaufen könne, verkaufe er. Dies war 260 v. Chr. Dies setzt auch da ein Privateigenthum voraus.

wenige hieher gehörige Gesetzbestimmungen. Nach dem Tscheu-li 3, 19 (f. 5 v.) hat der Siao-tsai (Unteradministrator) die Bestimmung über Abgaben und Frohnen nach den Registern der Gruppen von fünf Familien (pi-kiñ); über Aushebung von Truppen und Begleitung bei grossen Jagden nach den Armeélisten (kien-ki) und entscheidet die Streitigkeiten der Cantone (liu) und Dörfer (li) nach den Bevölkerungsregistern und Ortsplänen (i pan tu); die über Leihgeschäfte (Sching-tschi) nach den Contracten in zwei Theilen (Fu-pie) (wovon jede Parthei einen hatte), Disknssionen über Anstellung und Rang nach den Bräuchen und der Bestallung (li-ming); über Lieferung und Empfang (zwischen Beamten unter sich) nach der geschriebenen Abfindung (Schu-ki), Streitigkeiten über Kauf und Verkauf nach den Vertragstafeln (Tschi tsi)[1], Reklamationen über aus- und eingegangene Produkte entscheidet er nach der monatlichen und jährlichen Abrechnung (Yao-hoei). Nach B. 9, 49, (10 f. 27) entscheidet der Ta-sse-tu mit den Distriktsbeamten die Streitigkeiten des Volks in oberer Instanz (über Häuser, Ländereien, Frohnarbeiten); ist die Sache aber kriminell, so verweiset er sie an den Kriminalrichter (Sse). Vom Siao-sse-tu heisst es 10, 25 (11 f. 12): er schlichtet die Streitigkeiten des Volks (min sung) nach den Zeugnissen der Gruppe (Pi)[2] (J ti pi tsching), bei Streitigkeiten über Landgebiet (ti sung) nach dem Kataster oder den Karten (i-tu). Nach 36, 25 (35, 22 v.) schlichtet der Tschao-sse Streitigkeiten über Anleihen nach den Verträgen. Die Beweismittel waren also Contrakte und Zeugen. Wenn aber das Grundeigenthum am Boden im alten China nicht im Privatbesitze war, so besass der Einzelne doch Häuser in der Stadt, und die Waaren, und Mobilien waren, wie schon aus Obigem erhellt, dem freien Verkehre nicht entzogen. So sagt Yen-hoei, ein Schüler des Confucius, der für arm galt, bei Tschuang-tseu in J-sse B. 95, 1 f. 8: er besitze ausserhalb des Weichbildes ein Feld von 50 Meu, genügend ihm Unterhalt zu gewähren und innerhalb des Weichbildes ein Feld von 10 Meu, genügend für Seide und Hanf; wenn diese spätere Nachricht zuverlässig ist, da

---

[1] Die ersten bezogen sich auf Menschen und Vieh, die andern auf Geräthe. Man schrieb sie auf zwei Täfelchen, schnitt sie dann durch, und Jeder erhielt die Hälfte davon.
[2] S. über diese Tscheu-li 9, 89.

Confucius im Lûn-iû I, 6, 9 sagt: Yen-hoei hatte nur eine Bambusschaale mit Reis und eine Schaale mit Wasser, wohnte in einer engen Strasse, ein Anderer hätte diese Noth nicht ertragen, aber ihn (Hoei) störte das in seiner Freude nicht, wie tugendhaft war er! Nach Sse-ki B. 65 f. 5 v., S. B. 30, S. 267 hatte U-khi (um 390 v. Chr.) in seiner Jugend auf seinem Hause 1000 Pfd. Schulden (Kia lui tsien kin); er zog umher um Staatsdienste zu suchen, erreichte aber Nichts; hierauf zertrümmerte er sein Haus; der ganze Bezirk lachte ihn aus. — Eine sonderbare Geschichte im Sse-ki B. 75 f. 8 fgg., S. B. 31, S. 81 fgg. zeigt, dass man (284 v. Chr.) in China Geld auf Zinsen auslieh; es ist diese: Der Landesherr von Meng-tschang war sehr gastfrei und traktirte gewöhnlich an 3000 Menschen. Da ging ihm sein Geld aus. Die Abgaben meiner Städte, sagte er, reichten dazu nicht hin; daher liess ich das ausgeliehene Geld aus Sin kommen; aber seit einem Jahre ist von da Nichts eingekommen; das Volk weigert sich und giebt mir das ihm geliehene Geld nicht zurück. Er beauftragt dann den Fung-hoang ihm die Schulden einzutreiben. Dieser geht nun nach Siñ, beruft Alle, die Geld vom Landesherrn geliehen erhalten hatten und es zeigte sich, dass die Zinsen sich auf 100,000 Pfd. Kupfermünze beliefen (to si tsien schi wan). Er liess für sie darauf eine Menge Wein bereiten, kaufte fette Rinder und berief wiederum die Zahlungsfähigen, wie die, welche es nicht waren, nahm die Schuldverschreibung eines Jeden heraus, bestimmte denen, die zahlen konnten eine Frist (neng iû si tsche iû woi khi), nahm dann die Obligationen der Armen, welche die Zinsen nicht zahlen konnten, und verbrannte sie (pin pu neng iû si tsche, tsiû khi khiuen eul schao tschi). Der Landesherr von Meng-tschang war darüber sehr ungehalten, rief ihn zurück und stellte ihn zur Rede; jener erklärte aber: Ohne das Traktament hätte er nicht alle versammeln, noch in Erfahrung bringen können, wer zu zahlen im Stande sei; diesen habe er dann eine Frist gesetzt. Sollte er die es nicht konnten bewachen lassen? Da hätte er das Geld 10 Jahre über einfordern können, die Zinsen wären immer nur gewachsen (Si iû to) und hätte er sie gedrängt, so wären sie entflohen, (ki, tsie i thao wang); daher habe er davon abgestanden und die werthlosen Schuldverschreibungen gleich verbrannt, so kämen die

Aussteller derselben doch nicht in den Ruf der Wortbrüchigkeit. Und der Landesherr gab sich nach dieser Erklärung zufrieden! Hier drängt sich nun die Frage auf, welcher Sicherheit genoss das Privateigenthum unter einem so absoluten Regimente, das doch aller konstitutionellen Garantieen ermangelte. Ein Paar Anekdoten bei Tsoschi gewähren darüber einigen Aufschluss. Unter Lu Tschao-kung Ao 2 (540 v. Chr.), S. B. 20, p. 541, erzählt er, wollte der Fürst King-kung von Tsi das Haus Ngan-tseu's umtauschen; er sagte zu ihm: dein Haus ist nahe dem Markte, es ist feucht, eng, es ist da unruhig und staubig; du kannst in ihm nicht wohnen; ich bitte dich, dir dafür ein helles und hochgelegenes geben zu dürfen. Jener weigerte sich aber und sprach: deine frühern Diener (meine Vorfahren) hatten Platz darin; ich bin nicht würdig, ihnen nachzufolgen . . . indem ich kleiner Mensch dem Markte nahe bin, bekomme ich auch Morgens und Abends was ich wünsche, und habe meinen Nutzen davon; darf ich den Bewohnern der Strasse wohl lästig fallen? . . . Der Fürst schickte ihn als Gesandten nach Tsin, und während seiner Abwesenheit bestimmte er dann ihm ein anderes Haus (wobei er die Häuser in der Strasse niederreissen liess). Als jener zurückkehrte, war das neue Haus schon fertig. Aber Ngau-tseu, nachdem er sich bedankt hatte, riss es nieder, baute die Häuser der Strasse gerade so, wie sie gewesen waren, wieder auf und liess sie durch den Schaffner des Hauses (ihren frühern Eigenthümern) zurückgeben. Ein Sprichwort sagt, nicht wegen des Hauses brennt (befragt) man die Schildkrötenschaale, nur wegen der Nachbarn befragt man sie. Die 2—3 Söhne (die frühern Bewohner) haben schon früher wegen der Nachbarn die Schildkrötenschaale befragt; dieser zuwiderhandeln, bringt kein Glück. Der Weise lässt sich nichts zu Schulden kommen, was den Gebräuchen zuwider ist, der kleine Mensch (der Unweise) thut dagegen nichts, was kein Glück bringt." Wenn wir hier die Fürstenwillkür walten sehen, so bietet ein redlicher Minister wenigstens eine persönliche Garantie gegen solche, wie öfter in China, dar.

Noch belehrender ist die zweite Anekdote: Nach Tso-schi Tschaokung Ao 16 f. 7 v., S. B. 25 S. 74 besass 526 v. Chr. Siuen-tseu in Tsin einen Ring; ein anderer (der dazu gehörte) war im Besitze eines Kaufmannes von Tsching. Jener begehrte ihn von dem Fürsten von

Tsching, aber (dessen Minister) Tseu-tschan verschaffte ihm denselben nicht. Zwei Grosse von Tsching meinten, der Ring sei doch von keinem Belange; Tsin sei dagegen ein grosses Reich, das nicht gering zu achten sei. Der Minister erwiderte aber, er schätze Tsin nicht gering, es handle sich hier aber um Redlichkeit und Treue. Der Besitzer des ersten Ringes wandte sich nun an den Kaufmann selbst (und wollte den Ring um einen geringern Preis an sich bringen). Nachdem der Preis bestimmt war, sprach der Kaufmann, ich muss es dem Landesherrn und den Grossen des Reiches zuvor melden. Siuen-tson hat den Minister nun wieder um seine Intercession, aber der Minister erwiderte: Einst verliess unser früherer Landesherr Hoan-kung (806) mit den Kaufleuten das Land der Tschou; er stellte sich mit ihnen in eine Reihe und trieb Ackerbau in ihrer Gesellschaft, jätete das Unkraut des Landes aus, mähte den Beifuss, den wilden Hanf, den Gänsefuss, das Blutkraut und bewohnte es mit jenen gemeinschaftlich. Die Geschlechtsalter hindurch hatten wir beschworene Verträge und gelobten Treue. Die Worte des Vertrages lauten: „Ihr werdet von uns nicht abfallen, wir werden euch zu keinem Verkaufe zwingen, wir werden von euch nichts erbetteln und euch nichts entreissen; wenn ihr euern Nutzen im Handel mit kostbaren Gütern sucht, so werden wir nichts davon wissen." Wir halten diesen Schwur der Treue; desswegen können wir einander bis auf den heutigen Tag schützen; kommst du nun, mein Sohn, und heissest unserer niedrigen Stadt den Kaufleuten etwas entreissen, so würdest du uns lehren, den beschworenen Vertrag brechen. Würden wir auf Befehl des grossen Reiches ganz ausser der Ordnung (den Ring) darreichen, so sänke Tsching zu einer abhängigen Stadt herab, das kann nicht geschehen. Siuen-tsen verzichtete dann auch auf den Ring.

Wir sehen aus diesem, dass ein Fürst mit seinem Volke förmliche Verträge[1]), die die Sicherheit des Eigenthums betrafen, abschloss, und

---

1) Auch zwischen den Kaisern und den Vasallenfürsten waren besondere Verträge aufgerichtet, ebenso zwischen den einzelnen Vasallenfürsten. Diese Verträge werden bei Tso-tchi öfters erwähnt; so unter Hi-kung Ao 26 f 13, S. 11. 14. S. 501 fg.: Als die Leute von Tsin den Fürsten von Wei wieder einsetzten, schlossen Ming-wu-tseu, ein Grosser von Wei, zwischen dem Fürsten und dessen Volke einen Vertrag. (Er hatte sich dem Reiche Tschu unterwerfen wollen, seine Unterthanen wollten das aber nicht, desshalb hatte der Fürst das

ein gewissenhafter Minister diese noch nach mehreren Jahrhunderten beobachtete. Wie aber um 558 n. Chr. der Besitzer eines kostbaren Edelsteines in Sung vor Räubern nicht sicher war und die sonderbare Art des Ministers, sich und ihm zu helfen, bei Tso-schi Siang-kung Ao 15, S. B. 18 S. 36 s. unten.

Wir haben über die Art, wie diese Verträge abgeschlossen wurden und die Eidesleistung dabei bereits in unserer Abh. „über die Religion und den Cultus der alten Chinesen" II, S. 10 fg. (844) gesprochen. Man unterschied die feierlichen Verträge (Ming) und die geringeren (Tsu); von jedem Vertrage fertigte man zwei Exemplare auf einer Bambustafel aus, und jeder Contrahent erhielt einen Abschnitt; dies heisst Yo-tsi, von yo, sich verbindlich machen, und tsi, eine abgeschlossene Doppelschrift. War die Sache kriminell, so entschied sie der See-sse (schi), Leihgeschäfte nach den Fu-pie, Kaufverträge nach den Yo-tsi S. Tscheu-li

Land verlassen): „von heute an, nachdem der Vertrag geschlossen ist, mögen die Fortgezogenen sich mit ihrer Stärke nicht brüsten, die Zurückgebliebenen wegen ihrer Schuld sich nicht fürchten; sollte man diesen Vertrag ändern und einander zu nahe treten, so mögen die lichten Götter, die frühern Landesherren, sie richten und bestrafen." Unter Tschingkung Ao 12 (579 v. Chr.) S. B. 17, 288, schlossen Tsin und Tschu einen Vertrag, der lautete: Weder Tsin noch Tschu dürfen gegen einander die Waffen anwenden, Gutes und Böses sei ihnen gemeinschaftlich, gemeinschaftlich mögen sie sich kümmern um Unglück und Gefahr und bereit sein, einander zu helfen in Widerwärtigkeiten und Betrübnissen. Thut Jemand Tschu etwas zu Leide, so möge Tsin eingreifen, und so umgekehrt. Für die, welche mit Geschenken durchreisen, seien die Wege ohne Hindernisse. Beide mögen Rath schaffen für solche, die nicht friedfertig sind und bestrafen, die am Kaiserhofe nicht erscheinen. Wer diesen Vertrag verletzt, den mögen die lichten Geister vernichten, seine Menge fallen lassen, und es möge ihm nicht möglich sein, seinem Reiche Glück zu bringen." Wir haben diese Beispiele als eine Probe des öffentlichen Rechtes hier angeführt. Tso-schi enthält noch mehrere Erzählungen, welche das Vertragsrecht erläutern. Tsching-kung Ao 13, f. 21, S. B. 17 S. 299; Siang-kung Ao 6, f. 9, S. B. 18, S. 129 fgg. und Ao 9, f. 11 v., S. B. 18, S. 137 fgg.; Hi-kung Ao 24, f. 26, S. B. 14, S. 471, vgl. 15, 459; Tschau-kung Ao 1, f. 2 v., S. B. 20, S. 519 und Ting-kung Ao 4, S. B. 27, S. 127 und Ao 10, S. 131. Ueber die Art, wie die eidlichen Verträge zwischen Fürsten geschlossen wurden: s. Tscheu-li 32, f. 20 (13 v). Sie wurden aufbewahrt im Archive der Tschen (tsang iü Tschen fu) nach Tso-schi Ting-kung Ao 4, f. 7 v., S. B. 27, S. 126. Nach Tscheu-li 35, f. 12 legte der Ta-sse-keu die eidlichen Versicherungen zwischen dem Kaiser und den Vasallenfürsten in das kaiserliche Depôt oder Archiv (Thien-fu im Ahnenmale). Der Grossannalist, der des Innern, der Vorstand des Rechnungswesens und die der sechs Tribunäle erhielten Copien davon und bewahrten sie auf. Auch mit den Barbaren wurden solche Verträge abgeschlossen, so von Tsin mit den Westbarbaren (Si-Jung) von Wu-tschung Ao 570 v. Chr. nach Tso-tschi Siang-kung Ao 8, S. B. 18, S. 127.

35, 46; bei blossen Civilklagen aber der Sino-tsai nach 3, 21. Für die grössern Verträge, wobei der Staat concurrirte, gab es nach Tscheu-li 36, 37 fg. (3 fg.) einen besondern Beamten, den Sse-yo. Die grossen Verträge (zwischen den verschiedenen Reichen) wurden in die Register des Ahnensaales eingetragen, die kleinen Verträge in die rothen Tafeln (tan-shu); der letzte Ausdruck ist nicht klar, ein Scholiast meint, man müsse lesen tan-schu: in das rothe Buch. Entstand ein Streit über die Verträge, so bestrich der erwähnte Beamte die Thüre (mit Hahnenblut), untersuchte den Vertrag und der ihn nicht gehalten hatte, wurde im Gesichte geschwärzt (gebrandmarkt, s. unten). Ein anderer Beamter, der Sse-ming, war nach B. 36 f. 41 fg. (5 v.) mit der Abfassung und Leistung des Eides betraut, bei Streitigkeiten unter den Fürsten oder dieser mit ihrem Volke oder auch von Leuten des Volkes unter sich. Von den Verträgen der Letztern bewahrte er ein Duplicat auf; bei allen Streitigkeiten, die Gefängnissstrafe nach sich zogen, liess er den Eid leisten; das Opferthier dazu musste der Betreffende liefern. Nachdem der Eid geleistet, sagt der Schol., bringt er in seinem Namen das Opfer von Wein und zerschnittenem Fleische den lichten Geistern dar und wer nicht redlich ist, wird unglücklich. Man schreibt nach Schol. zu f. 41 die Eidesformel auch auf eine Tafel, tödtet das Opferthier, nimmt das Blut, vergräbt den Cadaver, legt die Schrift darauf und bedeckt sie mit Erde. (Tsai-schu.) Er citirt Tso-tschuen Siang-kung Ao.26. Nach Tscheu-li 14. 3 sicherte der Marktwart (Sse-schi) durch Contrakte, welche in duplo abgefasst wurden, die Gewissenhaftigkeit der Contrahenten und hinderte Streitigkeiten. Für die kleineren Verträge (tsu) gab es nach Tscheu-li 25, 31 fg. (26, 6) einen besondern Beamten, den Tsu-tscho, der dabei die Gebete und Anrufungen vornahm und die Formeln abfasste. Auf Meineid standen nach der Verschiedenheit der Schwörenden nach Tscheu-li 37, 30 (1) verschiedene Strafen. S. unten.

2. Polizei-Gesetzgebung.

Wenn die Entwicklung des Privatrechts im alten China nach Obigem sehr beschränkt war, so war die Polizei-Gesetzgebung dafür desto ausgedehnter. Wir bezeichnen damit alle Verordnungen, die nicht Privatrechtsverhältnisse und Criminal-Sachen betreffen, mehr im Sinne der alten πολιτεια.

Wenn das ganze Land als ein grosses Landgut betrachtet werden konnte, welches der Fürst als Hausvater zur Bearbeitung zum allgemeinen Nutzen Aller vertheilte, — denn das alte China war kein eroberuder Staat, der den besiegten Völkern ihr Eigenthum nahm oder eine Sklaven-Bevölkerung nährte, — so war das ganze Volk wie eine Heerde oder eine grosse industrielle Armee organisirt. Der Tscheu-li 9, 40 fg. sagt: Nach dem General-Reglement, welches der Ta-sse-tu bestimmt, bildeten 5 Familien eine Gruppe Pi, — unter einem Pi-tschang S. B. 11, f. 35 fg. — er hiess diese Familien sich gegenseitig beistehen. 5 solcher Gruppen bildeten eine Sektion (Liü), — unter einem Liü-siü S. B. 11 f. 31 fg. — er hiess die Familien derselben sich gegenseitig (bei Unglücksfällen) aufnehmen. 4 Liü bildeten eine Gemeine oder einen Clan (Tso), — unter einem Tso-kso S. B. 11 f. 26 fg. — er hiess die Familien bei Beerdigungen sich gegenseitig aushelfen. 5 solcher Gemeinden bildeten einen Canton (Tang), — unter einem Tang-tsching S. B. 11 f. 18 fg. — er hiess deren Familien (bei öffentlichem Unglück) sich gegenseitig beistehen. 5 Cantons bildeten ein Arrondissement (Tschou), — unter einem Tscheu-tschang S. B. 11 f. 13 fg. — er hiess die Familien (bei den Ceremonien) sich gegenseitig unterstützen. 5 Arrondissements (von 2500 Familien) bildeten einen Distrikt (Hiang) (von 12,500 Familien). Sie sollten gemeinsam ihre Männer von Verdienst ehren. Er vertheilte dann die 12 Arten der Beschäftigungen und schrieb darnach die Leute ein. Die 1. war Ackerbau (Säen und Aernten); die 2. Baumzucht (Gärtnerei); die 3. Holzfällen; die 4. Thierzucht; die 5. Bearbeitung der Rohmaterialien; die 6. Handel und Verkehr; die 7. Umgestaltung des Materials; die 8. Sammlung von nützlichen Sachen; die 9. Erzeugung von solchen; die 10. das Studium der Wissenschaften (oder vielmehr der 6 freien Künste: der Gebräuche, Musik, des Rechnens, Schreibens, Bogenschiessens und Wagenlenkens); die 11. Ausübung einer erblichen Beschäftigung (des Wahrsagens und der Medizin); die 12. der (Fürsten-) Dienst (Fo-sse). B. 2, f. 19 fg. unterscheidet der Generaladministrator 9 Klassen von Beschäftigungen: 1. die dreierlei Landbauer (immer nach dem Schol. die der Ebenen, Berge und Sümpfe), die die 9 Arten von Feldfrüchten erzielen (die Hirse Schu (milium globosum?), die Hirse Tsi (holcus sorghum), Reis Tao, Reis zu den geistigen Getränken, Hanf, grosse Teu (dolichos), kleine Teu (Erbsen), grosse Me (Gerste) und kleine Me (Waitzen)); 2. die Gärtner ziehen Gemüse und Fruchtbäume; 3. die Holzhauer (Jü-heng) bereiten die Grundstoffe der Berge und Seen zu; 4. die Hirten an Sümpfen ziehen Vögel und vierfüssige Thiere; 5. die 100 Handwerker bearbeiten die 8 Rohstoffe (Perlen, Elfenbein, Jaspis (Jü), Steine, Holz, Metalle, Felle und Federn); 6. die sesshaften und herumziehenden Kaufleute sammeln und verarbeiten Gegenstände von Werth; 7. die legitimen Frauen verarbeiten Seide und Hanf; 8. die Diener und Dienerinnen (Frauen 2. Classe) sammeln und bereiten die Esswaaren; 9) die Lohnarbeiter ohne feste Beschäftigung wechseln bei der Arbeit. Der Siaose-tu vereinigt nach B. 10, f. 5 die Bevölkerung in Gruppen von 5 und 100 Mann; 5 Mann bilden eine Fünferschaft (U); 5 solcher eine Rotte (Liang); 4 Rotten eine Compagnie (Tso) (von 100 Mann); 5 Compagnien ein Bataillon (Liü) (von 500 Mann); 5 Bataillons ein Regiment (Schi) (von 2500 Mann); 5 Regimenter ein Armeecorps (Kiün) (von 12,500 Mann). Dies war die Militäreintheilung, die sich auf die Eintheilung der Ackerbauer stützte.

Die Unterabtheilung in der Commune (Tso), eines innern Distriktes zeigt B. 11 f. 27 (12, 11 v.). Der Vorstand der Commune an der Spitze der Beamten der 4 Unterabtheilungen derselben versammelt von Zeit zu Zeit das Volk und verifizirt die grössere oder kleinere Anzahl der Männer und Frauen seiner Commune und unterscheidet dabei die Angesehenen und Geringen, die Alten und Jungen, die Kranken und Schwachen, die dem Staate dienen können und die Zahl der 6 Arten von Hausthieren, der Wagen und Karren. 5 Familien bilden, wie schon gesagt, eine Gruppe (Pi), 10 eine Genossenschaft (Lien); 5 Männer bilden eine Fünferschaft (U); 10 eine Genossenschaft (Lien); 4 Abtheilungen von 25 Familien (Liü) eine Commune (Tso); 8 Liü eine Genossenschaft (Lien). Der Vorstand der Commune empfiehlt den Genossen, sich gegenseitig beizustehen, sich einander aufzunehmen, Strafen und Züchtigungen, Lob und Belohnungen mit einander zu theilen, die offiziellen Befehle entgegen zu nehmen, die Dienste, die der Staat verlangte, zu vollziehen und ihre Todten zusammen zu bestatten. Versammelte man das Volk zu einem Kriegszuge, einer Jagd, einer grossen Frohnde, so berief der Vorstand der Commune die Gruppen von 5 und von 100, untersuchte ihre Waffen und Geräthe und mit der Trommel, der Glocke, der Fahne und Standarte trat er an ihre Spitze und führte sie an. Am Ende des Jahres legte er Rechenschaft ab (an den Canton-Chef). Nach Tscheu-li B. 15 f. 1 bestimmt der Vorstand der äusseren Distrikte (Sui-jin) nach den Karten und Plänen des Gebiets die angebauten und die Brachfelder. Er bestimmt die Gestalt und Anordnung der Cantons und Dörfer. 5 Familien bilden eine Nachbarschaft (Lin), — unter einem Lin-tschang; sie überwachen sich und helfen sich gegenseitig aus (B. 15 f. 38) — 5 Lin einen Weiler (Li), — unter einem Li-tsai (f. 35 fg.) — 4 Li ein Dorf (Tsan), — unter einem Tsan-tschang (f. 33 fg.) — 5 Tsan einen Canton (Pi), — unter einem Pi-sse (f. 32 fg.) — 5 Pi ein Arrondissement (Hien), unter einem Hien-tsching (f. 30 fg.) — 5 Hien einen äussern Distrikt (Sui), — unter einem Sui Ta-fu (f. 25 fg.). Alle diese Abtheilungen hatten ein bestimmtes Gebiet und er legte an ihren Grenzen Kanäle und Anpflanzungen an. Nach Tscheu-li B. 35 f. 39 hat der Sse-schi die Verbindung zwischen den Arrondissements, Cantons, Communen, Sektionen und Gruppen von 5 Familien in jedem innern Distrikte festzustellen. Er ordnet sie nach Gruppen von 5 und 10 und heisst sie sich gegenseitig beizustehen und aufzunehmen.

Zunächst fanden nun fortwährende Zählungen des Volkes[1]) in den einzelnen Cantons und Arrondissements statt, welche dann von den höheren Behörden zusammengestellt wurden, um darnach immer eine genaue Uebersicht der ganzen Bevölkerung, man könnte sagen, der ganzen Heerde zu haben und nach Proportion derselben die verschiedenen Arbeiten, die Abgaben, Frohnen, Kriegsdienste u. s. w. vertheilen zu können, wie auf einem grossen Landgute oder in einer Fabrik. Der Tscheu-li enthält eine Menge darauf bezüglicher Angaben. Nach B. 10

---

1) Vgl. Ma-tuan-lin Hu-keu-men K. 10 f. 1. E. Biot Mém. sur la population de la Chine et ses variations depuis l'an 2400 avant Jésus Christ jusqu'au 13 siècle de notre ère, Journ. As. 1836. Sér. 3 T. 1 und 2 J. Sacharoff Historische Uebersicht der Bevölkerungsverhältnisse China's, in den Arbeiten der k. russischen Gesandtschaft zu Peking über China. Berlin 1858 B. 2 p. 127—196. Ma-tuan-lin hat ohne Angabe der Quelle 3 Angaben über die Bevölkerung China's in alter Zeit.

f. 1—27 hat der Siao-sse-tu die Bevölkerung in der Hauptstadt und deren 4 Weichbildern, den Apanagen und Domänen, die Männer und Frauen besonders, nach den 9 Klassen aufzunehmen, dabei angesehene und geringe, alte und junge, schwache und kranke unterscheidend und darnach den Erlass der Abgaben und der Frohnen zu bestimmen. Er heisst die Vorsteher der 6 innern Districte ausser der grössern oder geringern Anzahl der Bevölkerung ihres Distrikts auch die Zahl der 6 Arten von Hausthieren, der Kriegswagen und Karren (lien) verzeichnen.[1] Alle drei Jahre fand eine grosse Controle statt. Die Bevölkerung wurde, wie bemerkt, zu dem Ende in Gruppen von 5 — 25 — 100 u. s. w. Leuten getheilt, das Land, wie schon S. 692 erwähnt, nach seiner mehr oder minderen Güte mit mehr oder minder Personen besetzt und demnach die Frohnen derselben bestimmt. Er erliess für diese die nöthigen Vorschriften und Verbote, schlichtete ihre Streitigkeiten und vertheilte Belohnungen und Strafen unter sie; wie er auch die Landeintheilung vornahm, wie schon oben erwähnt ist. Am Ende des Jahres prüfte er das Betragen seiner Beamten und belohnte oder bestrafte sie. Unter ihm stand der Beamte des innern Distrikts (Hiang Ta-fu). Nach B. 11, f. 2—17 erhielt er vom Ta-sse-fu die Anweisung und nahm in seinem Distrikte die Zahl der Bevölkerung auf. Im Innern des Reiches verzeichnete er alle Individuen von 7 Fuss bis zum 60. Jahre; auf dem Lande die von 6 Fuss bis zum 65. Jahre, die alle zu den Diensten herbeigezogen wurden.[2] Ueber die Eximirten s. S. 689 Anm. 2. Alle 3 Jahre fand auch hier die grosse Controle statt; er untersuchte die Tugend, die Aufführung, die Fortschritte in der Wissenschaft eines Jeden im Distrikte und darnach wurden sie befördert oder die Liste der Würdigen dem Kaiser vorgelegt. Sie wurde dann ins kaiserliche Archiv gethan; der Annalist des Innern erhielt davon eine Copie. Bei dem dann folgenden Bogenschiessen (Schützenfeste) befragte man das Volk über deren Eintracht, Resignation, Haltung

---

1) Aehnlich in den äusseren Distrikten dessen Vorstand der Sui-jin nach Tscheu-li B. 15 f. 13 und der Sui-Ta-fu nach B. 15 f. 25.
2) Es ist dabei zu bemerken, dass der Fuss der 3. D. sehr klein war, nach B. 40 f. 16 war 8 Fuss (1 mètre 60 centimètres) die Grösse eines gewöhnlichen Mannes und die angegebene Grösse hier soll ein Alter von 20 und 15 Jahren bezeichnen, daher spricht Meng-tseu I, 6, 4 p 82 von einem Knaben oder Burschen von 5 Fuss.

u. s. w., so dass dieses einen gewissen Antheil bei der Beförderung der Beamten erhielt. Bei Unruhen musste das Volk die Dörfer bewachen, kein Beamter durfte ohne Pass passiren. Aehnliche Funktionen versah nun der Arrondissements-Chef (Tscheu-tschang) nach 11, 13 fg. in seinem Arrondissement; auch er prüfte die Tugend, das Betragen und die Fortschritte seiner Untergebenen, ermunterte sie und ertheilte Verweise. Und ebenso nach f. 18 fg. in seinem Canton der Cantonchef (Tangtsching). Bei dem Opfer, das dargebracht wurde, versammelte er das Volk, es trank Wein und die Einzelnen wurden dabei nach ihrem Alter und ihren Ehrentafeln aufgestellt. Wie der Tsni-sse nach B. 12 f. 23 fg. die Feldarbeiten vertheilte und die Grundabgabe regelte, ist schon erwähnt. Der Siao-sse-keu nimmt nach B. 35 f. 26 bei der grossen Controle die Volkszählung vor und verzeichnet auch die Kinder von der Zeit an, wo sie zahnen und übergibt die Liste dem Vorstande des Archivs (Thien-fu). Der Annalist des Innern, der Chef des allgemeinen Rechnungswesens, und der Grossadministrator erhalten Copien davon und bedienen sich ihrer bei der Bestimmung der Ausgaben. Nach f. 30 legt der Siao-sse-keu im 1. Wintermonate nach dargebrachtem Opfer dann dem Kaiser die Bevölkerungsliste vor, um darnach die Ausgaben des Reiches zu vermehren oder zu vermindern; die Sse-min oder Vorgesetzten des Volkes verzeichnen nach B. 36, f. 28 (35, 24) alles Volk von der Zeit an, wo die Kinder zahnen (die Knaben im 8., die Mädchen im 7. Monate nach Schol. zu B. 35 f. 26), mit Unterscheidung der Bewohner in der Mitte des Reiches, in den Apanagen und Domänen, in dem Weichbilde und auf dem Lande, die Männer und Frauen besonders [1]); jedes Jahr wurden die Gebornen hinzugesetzt und die Gestorbenen abgezogen: bei der grossen dreijährigen Controle übergeben sie die Bevölkerungslisten dem Ta-sse-keu; dieser oder nach B. 35 f. 26 der Siao-sse-keu übergibt sie zu Anfang des Winters, wo man dem Geiste opfert, der dem Volke vorsteht, dem Kaiser; das Verzeichniss wird im kaiserlichen Archive niedergelegt und der Annalist des Innern, der Vorstand des Rechnungswesens und der Gross-Admini-

---
1) Die Beschreibung Chinas im Tscheu-li B. 93 f. 1 hat daher wohl die älteste Angabe über das Verhältniss der Geschlechter in jeder der 9 Provinzen. S. m. Abh. über die häuslichen Verhältnisse der alten Chinesen. S. B. 1862 II, S. 217.

strator erhalten Abschriften davon, um sie bei der Verwaltung zu benutzen. Für den Kriegsdienst erhob der Vorstand des Kriegswesens (Ta-sse-ma) nach B. 29, f. 4 fg. besondere Bevölkerungslisten mit eigenen Abtheilungen, um darnach die Aushebung zu bestimmen.
Wir haben in unserer Abhandlung: Ueber die häuslichen Verhältnisse der alten Chinesen, S. B. der bayr. Akademie 1862, II S. 207 fg. schon erwähnt, dass Ehelosigkeit im alten China nicht Sitte war und die Ehen, statt wie bei uns erschwert, dort befördert wurden. Nach Tscheu-li B. 15 f. 5 civilisirt der Sui-jin die grosse Menge (Mung) durch das Vergnügen der Ehe. Ein eigener Beamte, der Mei-schi hatte nach Tscheu-li B. 13 f. 43—46 (14, 13 v.) für die Verheirathung der Individuen zu sorgen. Er führte zu dem Ende Listen von allen Kindern männlichen und weiblichen Geschlechts mit Angabe von Jahr, Monat, Tag und Namen (den der Vater nach Li-ki Cap. 12 Nui-tse im 3. Monat nach der Geburt angeben musste) und hiess die Männer im 30. Jahre, die Frauen im 20. sich verheiraten. Heirathete Einer eine Frau, die schon einen Mann gehabt hatte, so nahm er (adoptirte er) ihre Kinder mit, und der Beamte registrirte sie unter dessen Namen. (Der folgende Satz, dass er in der Mitte des Frühlings Männer und Frauen versammelt, und sie nicht gehindert habe, auch ohne Beobachtung der sechs Hochzeitsgebräuche zu heirathen, gilt für ein späteres Einschiebsel von Liou-hin aus dem Ende der 1. D. Han in den Tscheu-li.) Noch enthält der Tscheu-li das Verbot, dass der 8 kostbaren Stoffe (Pa pei) und der Stoffe aus schwarzer Seide nicht über 5 Paar Stücke¹) sein sollten. Noch bestand ein Verbot, Verlobte, die vor der Hochzeit gestorben waren, beisammen zu beerdigen. Alle Ehestreitigkeiten schlichtete der Mei-schi auf dem Opferplatze vernichteter Reiche (soll heissen: bei verschlossenen Thüren); war die Sache aber criminell, so verwies er sie an den Criminal-Richter.

Die Aufseher über die Berge, Wälder, Wasserläufe und Teiche. Nach Tscheu-li B. 16 f. 23 (10) fgg. haben die Berginspektoren (Schan-yü) die Bergwälder unter sich, bestimmen die reservirten Arten

---

1) Man weiss nicht genau, was darunter verstanden wird.

und erlassen die Verbote zu ihrer Erhaltung. Mitten im Winter[1] fällt man die Bäume des Südens (am Südabhange), mitten im Sommer die des Nordens. Für die Wagen und Pflug-Stiele fället man junges Holz, (es muss biegsam sein) und bringt es zur gehörigen Zeit in die Magazine. Sie bestimmen die Zeit, wann das Volk Bäume fällen darf (nach dem Li-ki, Cap. Wang-tschi 5, wenn die Blätter abgefallen im 10. Monat der Hia, d. i. im November). Eine bestimmte Anzahl Tage ist dafür festgesetzt. Die für den Staat arbeiten sind an diese Fristen nicht gebunden. Wenn man im Frühlinge und Herbste (in dringenden Fällen zu Särgen, oder Dämmen bei Hochwasser) die Bäume fällt, darf man die verbotenen Plätze doch nicht betreten (nur die äussersten Felder). Auf Holzdiebstahl stehen Strafen und Bussen. Bei den grossen, kaiserlichen Jagden reinigen sie den Jagdplatz vom Gestrüppe. Die Waldinspektoren (Lin-heng) beaufsichtigen nach F. 27 die Wälder am Fusse der Berge, zählen zu bestimmten Zeiten die Bäume und belohnen und bestrafen die Aufseher. Von den Berginspektoren erhalten sie, wenn Holz gefällt wird, das Reglement und leiten die Ausführung desselben.

Die Aufseher der Wasserläufe (Tschuen-heng) haben die Verbote, die die Wasserläufe und Teiche betreffen, aufrecht zu erhalten, regeln den Dienst der Wächter, lassen sie zu Zeiten ablösen, ergreifen und bestrafen die Contravenienten. Die Aufseher über die Teiche (Tse-Yü) haben unter sich die Seen und Teiche des Reiches, erlassen die darauf bezüglichen Verbote, heissen die Leute des Orts die kostbaren Produkte derselben (Perlen, Muscheln u. s. w.) aufbewahren und zur bestimmten Zeit in das Jaspis-Magazin abliefern; den Ueberschuss vertheilen sie unter das Volk. — Bei einer grossen kaiserlichen (Wasser-) Jagd reinigen sie die Umgebung der Teiche von den hindernden Pflanzen.

Feld-, Wege- und Strassen-Polizei. Wir haben eben gesehen, wie ganz China ursprünglich in regelmässige Loose unter die Ackerbauer vertheilt war. Nach Tscheu-li B. 15 f. 8, (16) hatte der Beamte der äussern Distrikte (Sui-jin) in seinem Gebiete dies zu regeln. Zwischen dem Loose jedes Anbauers war eine Rinne (Sui) und am Rande des-

---

[1] Im Jahre des Tscheu war Winter vom 21. September bis 21 December, in unserem Herbste also, der Sommer vom 21. März bis 21. Juni, in unserm Frühlinge.

selben ein Fusssteig (King), um je 10 Loose ein Wasserlauf (Keu) und an dessen Rande ein Weg (Tschin); um je 100 Loose lief ein kleiner Canal (Hiue) und am Rande desselben war eine Chaussee (Thu); um je 1000 Loose lief ein grösserer Canal (Kuai) und am Rande desselben war eine Strasse (Tao); je 10,000 Loose umgab ein Fluss oder ein Wasserlauf (Tschuen), am Rande mit einer Landstrasse (Lu). So im Kaisergebiete (und wohl auch in den Einzel-Reichen). Nach den Kaskung-ki, Tscheu-li 43, 42 (42, 1 fg.) hatte der Tsiang-jin die Canäle und Gräben anzulegen. Die verschiedenen hatten jeder sein bestimmtes Mass; die kleinsten (Sui) waren 2' breit und 2' tief, die zweiten um einen Tsing (Keu) je 4', die Hiue um ein Quadrat von 10 Li (Tsching) je 8'; die Kuai um eine von 100 Li (Thung) je 16'. Diese ergossen sich in die Wasserläufe (Tschuen). In alter Zeit durften nach Tso-schi Tsching-kung Ao 2 f. 4, S. B. 17, 266 die Bewässerungsgräben an den Feldern einander kreuzen, wodurch die Streitwagen in ihrem Zuge aufgehalten wurden. Später (589) wollte Tsi die Aecker durchaus nach Osten gerichtet haben, so dass seine Heere längs den Erdwällen vor den Gräben leicht von Osten nach Westen ziehen konnten,[1]) (Es versteht sich von selbst, dass diess System in praxi mancherlei Modificationen erlitt.) Nach Tscheu-li B. 37 f. 18 (36, 18 v.) hatten nun die Vorsteher der Felder und Baraken (Ye-liñ-schi) die Wege und Landstrassen im Reiche bis zu den Gränzen (des Kaisergebietes, nach den Schol. bis 500 Li von der Hauptstadt)[2]) zu durchlaufen.[3]) Sie inspicirten nun die Herbergen, Ruhestationen, Brunnen und Anpflanzungen an den Wegen der Weichbilder der Hauptstadt bis zu den äusseren Gebieten des Reiches (Ye). (Die Wege waren nach den Schol. mit Bäumen be-

---

1) Wegen der Bewässerungsgräben war 663 v. Chr in Tsching ein Streit der 8 Reichsminister mit der Familie Wei-tschi, in Folge dessen die Familien Sse, Tu, Heu und Tseu-sse ihre Felder verloren; sie erregten einen Aufstand und tödteten die 3 Minister nach Tso-schi Siangkung. Ao 10., S. B. 18, S. 139.

2) Es ist zu bemerken, dass der Tscheu-li sich nur auf die Centralregierung bezieht, ähnlich war es aber auch in den Feudalreichen.

3) Nach Tso-schi Hi-kung Ao 30, S. B. 14, 508 machte 630 Tsin Tsching zum Vorsteher des öffentlichen Weges, damit die Truppen auf dem Marsche dort gingen und kämen und man für sie sorgte bei Mangel und Ermüdung. Die Einrichtungen der Tscheu waren wohl verfallen.

pflanzt; alle 30 Li war eine Herberge (So), und alle 10 Li eine Baracke (Liü), wo der Reisende zu essen und zu trinken fand. Vergl. B. 13 f. 7.) Kamen fremde Gäste (des Kaisers), so hiessen sie die Leute in der Nähe, welche Wache hielten, Schildwache bei ihnen stehen; sie züchtigten die, welche gegen die Fremden zudringlich waren. Wenn Waaren oder Schiffe in engen Strassen zusammenstiessen, liessen sie sie ordentlich auseinander gehen, Personen mit Pusstafeln und Beamten liessen sie Platz machen. Sie verboten, dass man quer über den Weg setzte und über die Fusspfade (King) zu schnell ging. Bei grossen Angelegenheiten (Feierlichkeiten) im Reiche (z. B. bei Opfern im Weichbilde) beaufsichtigten sie die, welche die Wege in Ordnung zu halten hatten;[1]) sie führten überhaupt die Wegepolizei (Tao-kin, eig. Weg-Verbote). Bei einem grossen Heerzuge liessen sie die Strasse kehren (sao) und beaufsichtigten die, welche nicht zur bestimmten Stunde gingen und sich nicht regelmässig betrugen. Nach Li-ki Cap. Wang-tschi 5 S. 37 sollten die Frauen (wohl in der Stadt) auf dem Wege rechts, die Männer links gehen, die Wagen in der Mitte fahren, der Vater ging voran u. s. w. Nach Tscheu-li B. 37 f. 32 (2) hatten die Aufseher der Quartierpforten (Sieu-liü-schi) in der Hauptstadt, die auf ein hohles Holz schlugen, (die Nachtwächter) zu beaufsichtigen, so auch die vom Staat unterhalten wurden, und untersuchten, ob sie die Diebe auch fleissig verfolgten und belohnte und bestrafte sie demgemäss. Er verbot auch in den Strassen zu schnell zu gehen, mit Waffen und Kuirassen herumzulaufen und die Pferde zu scharf anzutreiben. Vgl. auch Li-ki Cap. 1 Khio-li.

Ein besonderer Beamter, der Tsiü-schi, hatte nach Tschen-li B. 37, f. 22 (36, 20) für die Reinlichkeit der Strassen zu sorgen, namentlich dass das faulende Fleisch fortgeschafft wurde. Bei einem grossen Opfer im Königreiche u. in den Arrondissements und Dörfern (Tscheu u. li) heissen sie alles Unreine entfernen; dazu gehörten auch die eine Criminalstrafe

---

1) Tso-schi Siang-kung Ao 31, 8. S. B. 20 S. 606 rühmt von Tsin Wen-kung: Der Vorsteher des Landes ebnete bei Zeiten die Wege. Wenn die Reichsfürsten als Gäste ankamen, so stellte der Mann der Felder ein Leuchtfeuer in den Vorhof, Diener machten die Runde um den Palast u. s. w. Die Einrichtungen der Tschen waren da (642) wohl in Verfall gerathen gewosen.

erlitten hatten (hing-tsche) und die zu einer Strafarbeit verurtheilt waren, sowie auch Leute in Trauerkleidern. Sie schickten sie in die äussern Gebiete des Weichbildes (Kiao ye). Bei einem grossen Kriegszuge (des Kaisers) oder einem grossen Fremdenbesuche machten sie es ebenso. War ein Mensch auf dem Wege gestorben, so liessen sie ihn beerdigen.¹) Sie schrieben den Tag und Monat (wo er gefunden ist) auf, und stellten am Sitze des Beamten des Gebiets die Kleider und Geräthe, die er bei sich trug, auf, um seine Leute (die ihn etwa reclamirten) zu erwarten. Die Vorsteher der Dämme (Yung-schi) hatten die Polisei über die 4 Arten von Kanälen (keu, to, kuai u. tsche) nach B. 37 f. 23 (36, 21, vgl. 15 f. 8) und hinderten Alles, was den Saaten schaden konnte (Ueberschwemmungen, Verwüstung durch Thiere u. s. w.). Im Frühlinge liessen sie Gräben und Fallen anlegen (die Thiere abzuhalten), auch Wasserleitungen (Keu) und Abzugskanäle (To), die dem Volke nützlich waren; im Herbste aber (der Tscheu, d. h. in unserem Sommer), wenn man mähte und die Leute hineinfallen könnten, liessen sie die Gräben (Tsing) ausfüllen und unterdrückten die Fallen (hoe). Sie verboten auf den Bergen Thierparks (yuen) anzulegen und in die Teiche etwas hineinzuthun (was den Fischen schaden könnte). Nach Li-ki im Cap. Yuei-ling 6 f. 55 v. erging im dritten Frühlings-Monate der Befehl an den See-kung oder den Aufseher der öffentlichen Arbeiten, da die Regenzeit eintrete, die Wege und die verschiedenen Canäle, Wasserleitungen und Dämme in Ordnung zu halten und für die Feldjagd die verschiedenen Netze für wilde Thiere (Tsiai und Feu) und für die Vögel (Lo und Wang) und die Lockspeisen für das Wild zu besorgen. Der Ping-schi hatte nach Tscheu-li B. 37 f. 25 (36, 22) die Wasserpolizei (Schui-kin, eig. Wasserverbote). Er verbot nach den Schol., an Orte zu gehen, die das Wasser gefährlich macht, aber auch Fische und Schildkröten ausser der Jahreszeit zu fangen. ²) Nach

---

1) Biot setzt hinzu: und besorgten seinen Sarg; das müsste aber schon vorhergehen; Khie ist aber: steckten sie eine Stange in den Boden mit einer Inschrift, wie Medhurst es giebt.
2) Von Thai-kung, dem Stifter des Reiches Tsi, heisst es im See-ki B. 32 f. 4. S. B. 40 S. 651: Er erleichterte den Betrieb des Fischfangs und die Gewinnung des Salzes. Mit denselben Worten sagt er dieses f. 9 p. 660 aber von dem späteren Minister Kuan-tschung, so dass diese Einrichtungen wieder in Verfall gerathen sein müssen.

dem Tscheu-li hinderte er das Setzen über die Gewässer.[1]) Man sieht nicht recht, wie hieher kommt, dass er auch die Weinconsumtion überwachte. Es führt uns dies: Zur Jagd- und Feld-Polizei. Der Li-ki enthält darüber mehrere Angaben. Im Cap. Wang-tschi 5 f. 13 heisst es: Wenn die Fischotter (Tha) den Fisch opfert, betritt der Yü-jin die Seen und Dämme[2]) im Wasser, um Fische zu fangen (liung]; wenn der Wolf (Tschai) das Wild opfert, dann wird die Feldjagd (tien-lie) eröffnet; wenn die wilde Taube (Kbiu) sich in einen Habicht (yng) verwandelt,[3]) dann spannt man die Vogelnetze (Wei-lo) aus; wenn die Kräuter und Bäume ihr Laub verlieren, dann betritt man die Bergwälder (Schan-lin); wenn die Insekten sich noch nicht verkrochen haben, brennt man die Felder nicht ab. Man schiesst nicht junge Hirschkälber (Mi), nimmt nicht aus die Eier, tödtet nicht den Foetus von 3 Monaten (Tai), auch keine Jungen (Yao), nimmt keine Nester aus. Fische und Schildkröten ausser der Jahreszeit zu fangen, verbot der Ping-schi nach Schol. zum Tscheu-li B. 37 f. 25 (36, 22), wie schon bemerkt ist. Auch das Cap. Yuei-ling, 6 f. 48 v. fg. enthält mehrere hieher gehörige Bestimmungen. In diesem Monate (dem 1. des Frühlings) brachte man zum Opfer keine weiblichen Thiere (Pin); es war geboten, aufzuhören mit dem Fällen von Bäumen, nicht auszustossen (fo) die Vogelnester, nicht zu tödten die jungen Insekten (Haitschung), noch Foetus von 3 Monaten (Tai) oder junge flügge Vögel, noch Hirschkälber, nicht (auszunehmen) die Eier. Wenn es weiter heisst, man biete keine zu grossen Volksmassen auf (zu den Frohnden), man gründe keine Städtemauern, so sollte das Volk nicht vom Ackerbaue[4])

---

[1] Dies ist yeu, schwimmen, gehen, wohl eher als Biot's Uebersetzung: „das Uebertreten der Gewässer."
[2] Nach Meng-tseu 1, 2, 5 (23) war unter Wen-wang dem Volke die Benutzung der Seen und die Anlegung von Liang nicht verboten. In seinem Parke von 70 Li im Umfange konnte das Volk nach 1, 2, 2 Gras und Brennholz sammeln und Wild jagen.
[3] Solche Verwandlungen nahmen die Chinesen viele an.
[4] Auch Meng-tseu 1, 1. 3 (12) empfiehlt dem Könige von Liang (Wei) Hoei-wang (370—334): Raube dem Landmanne nicht seine Zeit, so wirst du mehr Korn haben, als du brauchst, lass nicht zu enge Netze in Teichen anwenden, so wirst du Ueberfluss an Fischen haben. Lass die Axt nur zu geeigneter Zeit die Bäume fällen, so wirst du Holz im Ueberflusse haben. Hat das Volk mehr Korn und Fische als es verzehrt, mehr Holz, als es braucht,

abgehalten werden, man bedeckte auch die Knochen und begrub das Fleisch (von gefallenen Thieren). Die Arbeiten des Volkes nicht zu stören, sollte auch das Verbot, in diesem Monate die Waffen zu ergreifen, dienen. In diesem Monate befahl der Aufseher der Felder (Ye-iü) die Maulbeerbäume (Sang und Tsche) nicht umzuhauen. Im 2. (mittleren) Sommermonate erging der Befehl nach f. 64 an das Volk, die Artemisie (Ngai) und die Lan (eine Pflanze zum Färben) nicht abzuschneiden, keine glühende Asche zu haben [1]), Zeug nur an der Sonne zu trocknen, die Dorfthore (Liü-men) nicht zu schliessen, die Barrièren und Märkte nicht zu versperren u. s. w. Nach f. 76 fg. werden dagegen im 3. Herbstmonate die Städte befestigt und verproviantirt. Das Weitere schon S. 693 fg.

Wir schliessen hieran noch einige Bestimmungen des Tschen-li: der Vorsteher der Dunkelheit (Ming-schi) ist nach B. 37 f. 34 (2 v.) beauftragt, Schlingen und Fallen (Hu-tschang)[2]) anzulegen, um die wilden Thiere zu fangen. Er lässt die Geistertrommel (Ling-ku) rühren, sie herbeizuziehen; hat er welche gefangen, so überreicht er dem Kaiser die Felle mit und ohne Haare, Zähne, Barthaare (Siñ) und Klauen (Pi). Aehnlich beim Folgenden. Der Tschu-schi vertreibt nach f. 35 (3) die giftigen Thiere durch Beschwörungsformeln, greift sie aber auch mit kräftigen Pflanzen an (mit welchen er räuchert). Der Hiue-schi verjagt die Thiere, die sich in die Erde verkriechen (wie Bären); für jede Art verbrennt er besondere Substanzen (Voe, eig. Dinge). Der Schischi vertilgt die Raubvögel (wie Sperber) und hat für jede Art eine besondere Lockpreise (wie Wachteln, Rebhühner u. s. w., die er in das Netz legt). Der Tse-schi lässt die Bäume umhauen und die wilden Pflanzen vernichten und bewaldete Bergabhänge (Jo) entholzen (um sie bebauen zu können). Am Sommer-Solstiz heisst er die Bäume des Südens (Yangmo, d. i. am Südabhange oder wohl eher die des Princips Yang) umhauen

---

so kann es die Lebenden ernähren, den Todten opfern, und wird nicht morren. Es waren diess bloss, sieht man, alte Verordnungen, die er empfahl, die in seiner Zeit aber in Verfall gerathen waren.

1) Von den Feuer-Polizeiverboten in der Hauptstadt Tscheu-li B. 37 f. 26 S. unten.
2) Nach Kang-hi's Wörterbuch ein gespannter Bogen, der losging, wenn das Thier in die Falle gerieth.

und sie mit Feuer behandeln (ho tschi); am Winter-Solstiz die des Nordens Pr.'s Yn (yn-mo) fällen und sie mit Wasser behandeln (schui tschi). Will man ihre Substanz aber umwandeln, so wechselt man im Frühlinge und Herbste mit der Anwendung von Feuer und Wasser. (Man scheint damit gedüngt zu haben.) Die Thi-schi haben nach f. 39 die (schädlichen) Pflanzen zu vernichten: im Frühlinge, wenn sie ausschlagen, vernichten sie die jungen Triebe (meng tschi); am Sommer-Solstiz schneiden sie sie (i tschi) und ebenso im Herbste wieder, wenn sie Samen haben. Am Winter-Solstiz eggt man sie; um sie umzuwandeln, bedient man sich des Wassers und Feuers. Die Nesterausnehmer (Thi-tso-schi) stossen die Nester der Unglücksvögel aus (nach den Schol. wie die der Eule, deren Geschrei von böser Vorbedeutung war), nachdem sie auf Täfelchen die Namen der 10 Tage, der 12 Stunden, der 12 Monate, der 12 Jahre (des grossen Jahres Ta-sui, der Umlaufzeit des Jupiter) und der 28 Sternbilder geschrieben und über den Nestern aufgehängt haben.[1]) Der Tsien-schi vertreibt nach f. 41 (6) Insekten, wie Motten, greift sie mit dem Beschwörungsopfer (Kung-yng) an und wendet gegen sie Räucherungen mit der Pflanze Mang an. Der Tschi-po-schi vertreibt die Insekten, die in Mauern und Häusern sich verbergen und nimmt dazu die Ueberbleibsel von verbrannten Austerschaalen, besprengt sie mit der Aschenbrühe daraus, untersucht die Löcher im Hause und vertreibt die verborgenen Insekten. Der Kue-schi hat die Frösche und Kröten zu entfernen; er verbrennt die männliche Pflanze Khieu und besprengt sie mit der Asche derselben, dass sie sterben und beräuchert sie, dann machen alle diese Wasserthiere keinen Lärm (bei Tempeln, Palästen u. s. w.). Der, welcher die irdene Trommel schlägt (Hu-tscho-schi) vertreibt mit dieser die Wasserwürmer (Tschung) und wirft sie mit heissen Steinen; will er ihre bösen (Geister) tödten, so nimmt er einen Zweig der männlichen Ulme, macht mit einem Elephantenzahne ein Loch hinein und taucht sie ins Wasser, dann sterben die Geister und der Schlund (in welchem sie sich befanden) wird zu einem Hügel. Der Pallast-Vorgesetzte (Thing-schi) schiesst Pfeile auf die Unglücksvögel in der

---

1) Dies soll aber ein späterer Zusatz von Lieu-hin sein.

Hauptstadt ab; gibt es keine solchen, so kommt er bei Sonnen- und Mondsfinsternissen der Sonne und dem Mond zu Hülfe, indem er auf diese schiesst.[1]) Man sieht aus den letzten Beispielen, wie die Polizei in China derzeit mit dem Aberglauben im Bunde war. Zu den Polizeiordnungen im engern Sinne gehörte zunächst die **Marktpolizei**. Nach dem Anhange zum J-king Hi-tse 13, 4 T. 2 p. 530 richtete der alte Kaiser Schin-nung schon die Märkte in der Mitte des Tages ein. Zum Verständnisse des Folgenden dient die Abbildung, welche Biot zum Tscheu-li T. I, p. 309 vom Plane eines alten chinesischen Marktes gibt. 20 Buden bildeten demnach ein Quadrat; in der Mitte war ein leerer Raum, in dem das Haus des Marktvorstandes stand; 20 Gruppen von solchen Buden bildeten dann den ganzen Markt und in der Mitte desselben war das Gebäude für den Marktwart. Zwischen den einzelnen Gruppen von Buden waren Wege und Passagen für Menschen und Karren. Nach Li-ki Cap. Yuei-ling 6 f. 76 v. (p. 29) wurden im 2. Herbstmonate die Zölle und Märkte den mit Waaren ankommenden Kaufleuten zugänglich gemacht, um die Mittel des Volks zu vermehren. Wenn die von allen Seiten in Masse ankommen und Alles aus fernen Ländern herbeieilt, dann erschöpfen die Reichthümer sich nicht, und die Gewalthaber ermangeln nicht der nöthigen Hülfsmittel. Der Marktwart (Sse-schi) hatte nach Tscheu-li B. 14 f. 1—14 das Marktwesen zu leiten, die Anweisungen zu ertheilen, die Verwaltung zu führen und die Strafen zu verfügen. Er sah auf Maas und Gewicht, und erliess die betreffenden Verbote und Befehle. (Nach den Schol. gab es fünferlei Kommasse und fünferlei Laugenmaase für Seide und andere Zeuge; er hielt auf die gesetzlichen Bestimmungen, keiner durfte ausserhalb des Marktes verkaufen.) Der Marktwart vertheilte nun zunächst das Terrain für die Buden (der Aufseher) und für die Reihen von Buden (Siñ) und entwarf den Plan des Marktes. (Nach den Schol. waren für die verschiedenen Waaren verschiedene Plätze angewiesen.) Er unterschied dabei die verschiedenen Waaren (voe, Dinge), indem er die Budenreihen anordnete. Durch seine Verwaltungsmassregeln (tsching-ling) hinderte er die Preis-

---

1) Diese beiden letzten Sätze sind aber nach den Schol. wieder spätere Zusätze von Liou-hin.

herabdrückung der Waaren, und erzielte eine Gleichheit auf dem Markte
(indem er nach den Schol. nicht zu viele Waaren von einer Art und
keine schlechten zuliess). Durch die ambulanten (schang)[1]) und sesshaften Kaufleute (ku) bewirkte er eine Anhäufung der Waaren und liess
sie circuliren. Durch die feststehenden Maasse und Gewichte[2]) regelte
er den Handel und zog die Käufer herbei; durch die Verträge in duplo
(tschi-tsi s. Tscheu-li B. 3 f. 21) sicherte er (band er, kie) Treue und Glauben
der Contrahenten und hinderte Streitigkeiten. Mit Hülfe der sesshaften
Kaufleute (die ihm zur Hand gingen), hinderte er den Betrug, durch
Strafen und Züchtigungen (bing-fa, nach den Schol. aber nur mit Stock-
schlägen, da schwerere Vergehen den Gerichten unterlagen) hinderte
er Gewaltthätigkeiten und Diebstähle; durch das Münz- (Waaren-) Magazin
machte er den Umsatz gleichmässig[3]), indem er bei Ueberfüllung des
Marktes das nicht Abgesetzte aufkaufte und es auf Credit später wieder
verkaufte (schai). (Man sieht, wie auch der Handel von der Verwaltung
geleitet sein sollte.) S. unten.

(Es gab 3 Märkte): Der Hauptmarkt (Ta-schi) war Nachmittags;
da ist das Volk (pe-tsu, eigentlich die 100 Clane) die Hauptsache. Am
Morgenmarkte (tschao-schi) sind die ambulanten und unsässigen Händler;
am Abendmarkte (si-schi) die Wiederverkäufer (fan-fu) und die Wieder-
verkäuferinnen am zahlreichsten. Wenn der Markt begann, nahmen die
Marktgehülfen (Sin) den Messstock (Pien-tu[4]), nach den Schol. einen
12' langen Stock, worauf die Maasse geschrieben waren) und hielten

---

1) Im Jahre 630 wollte ein Kaufmann aus Tsching den Markt von Tschen besuchen und begegnete dem Heere von Thsin (das in Tsching einfallen wollte). Er bewillkommte es mit
Gespannen und Leder sammt 12 Rindern und schickte dann einen Eilboten nach Tsching
(mit untergelegten Wagen), den Einfall zu verhindern Tso-schi Hi-kung Ao 30, S. B. 14 S 510.
2) Als der Prinz von Tschin, der Minister in Tsi war. 540 an die Usurpation der Herrschaft hier
dachte. suchte er das Volk von Tsi zu gewinnen, indem er mit dem (grössern) Maasse seines
Hauses es beschenkte, mit dem (kleinern) Maasse des Fürsten aber die Abgaben terhob). Die
Baume des Gebirges, welche auf den Markt kamen, waren nicht theurer als im Gebirge;
die Fische, die Seekrabse und Austern nicht theurer als am Meere. Der Fürst dagegen
nahm ⅔ vom Verdienste des Volkes und liess ihm nur ⅓ für Kleidung und Speise. Tso-
schi Tschao-kung Ao 2, S. B. 20 S. 538. Sse-ki f. 46 f. 4 v.
3) Ein Sectirer zu Meng-tseu's Zeit wollte noch gleiche Marktpreise. Meng-tseu l. 5. 4 p. 62
eifert dagegen bei der damaligen Ungleichheit der Waaren.
4) Pien ist eine Peitsche; tu ein Maas, eine Vorschrift.

Wache an den Marktthoren; die verschiedenen Marktbeamten (kifln-li) regelten das Auskramen der Buden. Das Aufziehen einer Fahne (Sing) über der Bude des Marktvorstehers (Ssa) bezeichnete die Eröffnung des Marktes. Der Marktwart hielt sich daselbst auf und entschied die wichtigern Verwaltungssachen und Streitigkeiten. Die Vorsteher der Gehülfen (Sifi-sse) und die Vorsteher der Kaufleute (ku-ssr) in Nebenbuden entschieden kleinere Verwaltungssachen und Streitigkeiten. Die Marktleute, die Münz- (Waaren-) Verwalter (pi-pu-tsche, welche die Aufkäufe en bloc machten), die auf Maas und Gewicht sahen und die die Lärmer bestraften, hatten jeder ihren (besondern) Stand. Gefundene Sachen wurden an besondern Plätzen ausgestellt. S. unten.

Das Verfahren bei der Leitung der Circulation (Bewegung) der Waaren, der 6 Arten von Hausthieren, der Seltenheiten und Gegenstände von Werth (Tschin und J) auf dem Markte war nun dieses: der Marktwart hielt darauf, dass vorräthig sei, woran Mangel war, vermehrte das Nützliche, verminderte und schaffte fort das Schädliche und Ueberflüssige. Er liess die Waaren circuliren (tung, sich bewegen). Mit Tafeln mit dem kaiserlichen Siegel (si-tsie)[1]) konnten sie aus- und eingehen. Auf dem Markte war den Leuten des Volkes, den ambulanten und sesshaften Kaufleuten und Gewerkern verboten, Fälschungen (Ausschmückungen) von mehr als 2:10 vorzunehmen.

Im Li-ki Cap. Wang-tschi 5 f. 30 v. und auch im Kia-iü 31 f. 17 erwähnt Confucius 14 Marktverbote. Es durften nicht verkauft werden auf dem Markte: 1) vom Kaiser erhaltene (ming) Kleider und Wagen; 2) Kuei, Tschang, Pi und Tsung[2]); 3) die Gefässe des Ahnentempels; 4) Kriegswagen (ping-kiün) und Fahnen (Ling, Khi); 5) Opferthiere (hiseng) und Wein aus duftender Hirse zum Opfer (Khiü-tschang); 6) Kriegsgeräthe, Waffen und Panzer (Jung-ki, Ping-kia); 7) Gefässe zum Gebrauche, die nicht das mittlere Maas hielten (Ki pu tschung tu); 8)

---

1) Nach dem Schol. waren diese Tafeln zu Zeiten der Dynastie Han viereckig, oben das Siegel, inwendig die Schrift; mit den Tafeln, welche der Marktwart der Hauptstadt ertheilte, konnten sie zum Kaiserreiche hinausgeben, mit solchen von den Marktvorständen der Feudalreiche von da durch das Thor eingeführt werden.

2) Tafeln, die bei den Audienzen gebraucht wurden. S. Tscheu-li B. 42 f. 13—30.

Einfache und gestickte, feine und grobe Zeuge (Pu pe, thsing tsu), die nicht die mittlere Zahl hielten (pu tschung su) und breites und schmales Zeug (Kuang-hin, aus Seide und Wolle), das nicht das mittlere Mass hielt (pu tschung leang); 9) Gefälschte Farben (Kieu se), die das rechte Aussehen verwirrten (loen tsching se); 10) Bunte Verzierungen, Perlen und Gefässe aus Jaspis (Wen kiu tschu iü tschi ki); 11) Keine (fertigen) Kleider (J-fu), kein (zubereiteter) Trank und Speise (Yen schi); 12) die 5 Feldfrüchte, die nicht zeitig und Baumfrüchte, die nicht reif waren [1]); 13) Holz (Bäume), das nicht recht (in der Mitte) zugehauen (mo pu tschung fa); 14) Geflügel, Wild, Fische und Schildkröten (nino, scheu, yü, pi), die nicht auf die rechte Art getödtet waren (pu tschung scha). Alle diese 14 Verbote, schliesst der Kia-iü, dienen, die Menge zu regeln und die Uebertretung derselben wird nicht verziehen.

Die Strafen auf dem Markte (Schi hing), führt der Tscheu-li B. 14 f. 12 fort, waren die kleine Bestrafung (Siao hing), indem man die Bude des Fälschers durch einen Anschlag bezeichnete (Hien-fu), die mittlere, indem man ihn ausstellte oder herumführte (Siün-fa), und die grosse durch Auspeitschung (Po-fa). Eigentliche Verbrecher wurden an den Criminalrichter (Sse) verwiesen. Ging der Fürst über den Markt, so wurde der zu Bestrafende begnadigt; ging die Fürstin über den Markt, so wurde die Strafe auf die Lieferung eines Bettbimmels (mo) herabgesetzt; wenn der Erbprinz — auf Lieferung einer Kopfbedeckung (Y); wenn ein Beamter mit einer Bestallung (Ming-fu) vorbeiging — auf Lieferung einer (andern) Kopfbedeckung (kai), wenn seine Frau (Ming fu), auf Lieferung eines Schleiers (Wei [2]). Bei einer grossen Versammlung von Feudalfürsten am Hofe, bei einer Kriegsunternehmung, folgte der Marktwart an der Spitze der Kaufleute (ihr) und beschäftigte sich mit Kauf und Verkauf der Waaren und leitete die Organisation des Marktes für diese Versammlung.

Der Garantieemann (Tschi-jin) hatte nach B. 14 f. 15 (1) die Waaren des Marktes, Menschen, Ochsen, Pferde, Geräthe und seltene, werthvolle Waaren zu regeln (tsching, d. h. die darüber abgeschlossenen

---

1) Der Kia-iü hat blos Früchte zum Essen, die nicht zeitig waren. (Ko schi pu schi)
2) Biot übersetzt „Bettvorhang"

Verträge unter sich); für alles Gekaufte und Verkaufte hat e man einen eigentlichen Vertrag (Tschi) oder einen Bruchvertrag (Tsi); jene für die grossen, diese für die kleinen Ankäufe. Dieser Beamte hatte nun die geschriebenen Contrakte (Schu-ki) zu prüfen, hielt darauf, dass Maas und Gewicht eins (die Länge und Breite der Stoffe die gesetzmässigen waren [1]). Er machte die Runde und untersuchte (ob Alles in Ordnung war): die Contravenienten bemerkte und strafte er.

Die grössern und kleinern Verträge mussten in der Hauptstadt binnen 1 Decade (Siün, 10 Tage), im Weichbilde (Kiao) binnen 2, auf dem Lande (ye, in den äussern Distrikten und in den Domänen der kleinern Beamten) binnen 3 Dekaden, in dem Apanagengebiete (Tu) binnen 3 Monaten und in den Feudalreichen (Pang-kue) binnen 1 Jahre (Ki) erfüllt werden; Klagen wegen Verträge innerhalb dieser Zeit hörte (entschied) er, die ausserhalb (nach) dem Termine (Khi) einliefen, hörte er nicht mehr (sie verjährten).

Der Budenmann (Tschen-jen) hatte nach B. 14 f. 18 (15, 2) die Marktabgaben einzusammeln; das Zeug zur Bezahlung von Abgaben [2]), die Summen, die der Staat Einem creditirt hatte, das Geld für die Verträge, das Strafgeld, das Budengeld zu erheben, und that es in das Schatzhaus. Von allen getödteten Thieren sammelte er die Felle, Hörner, Muscheln, Knochen und that sie in das Jaspismagazin (Jü-fu); seltene und werthvolle Waaren, die lange liegen bleiben, that er in das Speisemagazin (Schen-fu).

Der Vorstand der Gehülfen (Siü-sse) besorgte nach f. 20 (15, 3 v.) seine Boutique (tse), regelte den Verkauf der Waaren, erliess Verbote und Strafandrohungen, überwachte die schlechte Waaren herausputzten oder schlechte verkauften und bestrafte sie. Er behandelte die kleineren Verwaltungssachen und kleineren Streitigkeiten und entschied sie. Der Vorstand der sesshaften Kaufleute (Ku-sse) hatte die Waaren nach f. 20

---

1) Die grossen Ankäufe betrafen nach den Schol. Menschen ([?] Sklaven s. S. 688). Pferde, Ochsen, die kleinen die von Meubeln, Waffen, Nahrungsmitteln; die Zeuge mussten 2'/₁₀" Breite und 18" gesetzliche Länge haben.
2) Das Zeug- und Budengeld soll nach den Schol. aber erst Wang-mang unter der D. Han eingeführt und Lieu-hin dieses Wort ihm zu Gefallen erst in den Text eingeschwärzt haben.

(15, 3), die von seiner Boutique abhingen, unter sich, unterschied sie, vertheilte sie gleichmässig, untersuchte ihren Werth, bestimmte den Preis und hiess sie dann zu Markte bringen. Bei Himmels-Calamitäten verbot er den Preis zu erhöhen und hiess den gewöhnlichen Preis einhalten (nach Schol. z. B. wenn sie bei anhaltendem Regenwetter Korn theurer verkaufen, bei einer Epidemie für das Holz zu Särgen mehr verlangen wollten); ebenso verfuhr er bei seltenen und theuern Sachen (Tschin i) in den 4 Jahreszeiten. Bei grossen Käufen im Reiche trat er an die Spitze der unter ihm Stehenden und that seinen Monatsdienst; ebenso bei Militärexpeditionen und Versammlungen (der Feudalfürsten) (da machte er die Ankäufe).

Die Beamten gegen Gewaltthätigkeiten (Sse-pao) hatten nach B. 14 f. 22 (15, 4 v.) die Marktverbote und Erlasse bekannt zu machen, hinderten, dass man sich schlug, sich schimpfte oder lärmte (hiao), Gewaltthätigkeiten und Unordnungen (pao) beging, dass die Aus- und Eingehenden einander nicht stiessen. Gruppen von Müssiggängern auf dem Markte nicht zechten und schmauseten; konnten sie das nicht verhüten, so ergriffen sie (die Uebelthäter) und züchtigten sie (lo). Die Aufseher (Sse-ki) gingen nach f. 23 (15, 4 v.) beständig auf dem Markte herum, beobachteten, wer den Verboten entgegenhandelte und wer sich nicht recht betrug, den arretirten sie und führten ihn (nach den Schol. zum Vorstande der Gehülfen); sie ergriffen die Diebe und Spitzbuben auf dem Markte, führten sie herum und bestraften sie. Jeder Gehülfe (Siü [1]) hatte seinen Platz (So, d. h. seine Reihe Buden) zu überwachen, ging mit dem Stocke mit dem Maasse herum und hielt auf die Verbote und Erlasse zum Sitzenbleiben und Aufstehen, zum Aus- und Eingehen [2]); er arretirte, die sich nicht gut aufführten, die ein Vergehen (tsui) begingen, haute er aus und bestrafte sie.

Der Budenvorstand (Sse-tschang) hatte nach B. 14 f. 25 (15, 5) seine Gruppe von Buden zu beaufsichtigen, klassifizirte die Waaren der-

---

[1] Nach den Scholien war über 10 Gruppen von Buden 1 Sse-pao, über je 5 ein Inspektor (Sse-zi), über je 2 ein Gehülfe (Siü) gesetzt, die sich gegenseitig unterstützten.
[2] Da 3 Märkte den Tag über waren, mussten nach den Schol. die Leute aus dem Volke zu bestimmten Zeiten kommen und gehen.

selben, die blos sich ähnlich, wie verschiedene Arten von Jüsteinen und Corallen, aber dem Werthe nach verschieden waren, liess er ferne von einander aufstellen (dass Unkundige nicht getäuscht würden); die in Wirklichkeit einander nahe kamen lagen (zum Verkaufe) bei einander. Er erhob auch die Abgaben seiner Gruppe und achtete auf die Bekanntmachungen und Verbote. (Nach den Schol. sammelten sie auch das Geld ein für die Waaren, die der Staat auf Credit verkaufte und rechneten Abends oder am Ende der Dekade darüber ab.)

Der Magazin-Vorsteher (Tsiuen-fu) hatte nach f. 26 (15, 6) die Marktabgaben unter sich (die der Budenmann einsammelte), sammelte die Waaren, die sich auf dem Markte nicht verkauften und über des Volkes Bedarf waren, kaufte sie zum Preise, den sie kosteten, schrieb sie auf, um ausser der Zeit Käufer zu erwarten und Jeder konnte sie da (ohne Aufschlag) kaufen. (Der Preis wurde auf ein Täfelchen geschrieben, und dieses den Waaren angehängt.) Die Apanagen und Domänen (Tu fu) erhielten sie auf Verlangen ihrer Vorgesetzten, die Leute in der Hauptstadt und im Weichbilde nach dem ihrer Vorstände (Sse [1]). Der Credit (Sche) für die Käufer zum Zwecke der Opfer ging nicht über 1 Dekade, für Trauergegenstände nicht über 3 Monate. (Diese Frist war nach den Schol. länger, weil die Trauer die Geschäfte unterbricht.) Wenn es dann B. 14 f. 29 (15 f. 6 v.) aber heisst: Bei allen Anleihen (Thai) des Volks benahm er sich mit dessen Vorstehern (yeu-sse) und gab sie ihm dann erst und bestimmte die Interessen [2]) nach den Bedürfnissen des Staats; so bemerkt der Schol., dies müsse ein Einschiebsel von Lieu-hin sein, da die D. Tscheu nichts von Interessen (Si) wusste und nur auf Credit lieh, und der Handel nur als eine Ergänzung des Ackerbaues betrachtet wurde. Die werthvollen Gegenstände, die das Reich zu den Ceremonien brauchte, nahm er daraus. Wenn das Geld,

---

1) Sie gaben nach den Schol. ihnen Bons dafür; sie erhielten die Waaren nur, wenn ein dringendes Bedürfnis da war, nicht aber Kaufleute, um mit den Waaren zu spekuliren, sie billig vom Staate zu kaufen, um sie dem Volke wieder theurer zu verkaufen, Alles zum Nutzen des Volkes.
2) Si eigentlich Odem, Produkt; der Charakter ist zusammengesetzt aus Herz (ol. 61) und ol. 132 (jetst aus, alt die Nase). Indess sehen wir B. 699 Zinsen Ao 284 v. Chr. schon vorkommen.

das aus den Abgaben einging, nicht reichte, erhielt er dazu die Mittel vom Schatzmeister des Aeussern. Am Ende des Jahres stellte er, was aus- und eingegangen war, in Rechnung und lieferte den Ueberschuss ab (nach den Schol. an den Tschi-pi Tscheu-li B. 6 f. 36).

Die Thorvorsteher (Sse-men) hatten die Schlüssel und Schlösser unter sich, um die Thore der Hauptstadt zu öffnen und zu schliessen.[1]) Beim Ein- und Ausgange frugten sie, ob man keine Sachen bei sich habe. Sie erhoben den Zoll von den einpassirenden Waaren; wenn man verbotene einführte (gute und schlechte vermischt), so nahmen sie sie weg. (Nach den Schol. erhoben sie den Zoll von den herumziehenden Kaufleuten, die kein Budengeld zahlten; Strafen konnten sie nicht verhängen, sondern verwiesen die sich vergangen an den Tschi-jin auf dem Markte.) Vom Ertrage ihrer Einnahmen wurden Alte (Aeltere) und Verwaiste (Kinder) von Männern, die im Dienste des Staates gestorben waren, unterhalten. Die Thorwärter (Kien-men) hatten die Thiere für die Opfer, die ausser der Zeit darzubringen sind, (nebenbei) zu unterhalten.[2]) Sie erhielten dafür die Ueberreste von den Opfern, die den (11) Thoren der Hauptstadt in den verschiedenen Zeiten des Jahres dargebracht wurden. Alle Gäste, welche aus den 4 Weltgegenden ankamen, meldeten sie an.

Die Barrièren-Vorsteher (Sse-kuan) hatten nach B. 14 f. 33 (15, 8 v.) die Erlaubniss-Scheine zum Verkaufe im Reiche zu verifiziren, dass sie mit den am Thore und auf dem Markte erhaltenen übereinstimmten. (Ihnen mussten die Täfelchen mit dem Siegel (Ho-tsie), welche die herumziehenden Krämer vom Marktvorsteher erhielten, vorgezeigt werden.) Sie hatten die aus- und eingehenden Waaren unter sich, auch die Polizeiverbote aufrecht zu erhalten und erhoben die Abgaben von den Buden (Tschen; nach den Schol. den Niederlagen, die es unter den Barrièren gab; da

---

1) Man schloss das Thor nach dem Schol. Abends mit einem Vorlegeschloss und öffnete es Morgens mit einem Rohre (kuan). Meng-tseu II, 4, 6 f. 277 erwähnt der Thor- und Nachtwächter als geringer Dienste.
2) Nach den Schol. gab es zwischen den Gräben und Wällen viel leeren Raum; da weideten die Opferthiere. Bei jedem Thore waren 2 Schreiber und 4 Diener angestellt, die in ihren Mussestunden das Vieh mitbesorgten; so ging weder Land noch Arbeit verloren. Vgl. Tscheu-li B. 8 f. 10 u. B. 12 f. 21.

liessen nämlich manche Kaufleute ihre Waaren, ohne sie auf den Markt
zu bringen, Käufer vom Lande und aus den äussern Domänen erwartend.) Waaren, die nicht durch die Barrièren (Kuan) ausgingen (sondern
auf Seitenwegen, den Zoll zu umgehen, oder weil sie verboten waren)
confiszirten sie und straften die Uebertreter (nach den Schol. mit einer
Bastonade oder Geldbusse); dass die confiszirten Waaren ihnen dann
zurückgegeben worden seien, bezweifelt Biot. Alle, die Waaren ausführten, passirten mit einem besiegelten Erlaubnissscheine (Tsie-tschuen)
ein (denen die vom kaiserlichen Markte kamen, gab der Marktwart
diesen, für die innerhalb der Barrièren gekauften Waaren erhielt man
ihn an der Barrière nach den Schol.). Bei einer Calamität oder einer
Epidemie im Reiche wurden an den Barrièren und Thoren keine Abgaben
erhoben; doch fand eine Untersuchung der Waaren statt.[1] So erhob
man nach B. 14 f. 10 auch bei einer grossen Calamität, einer Epidemie,
Hungersnoth und wenn ein grosser Leichenzug stattfand, keine Marktabgaben,
goss dagegen viele Münzen. Alle Gäste aus den 4 Weltgegenden, die
an den Barrièren Eingang begehrten, meldete er an; Beamte, die Befehle
überbrachten und von Aussen oder Innen kamen, liess er gegen einen
besiegelten Nachweis aus und ein.[2] Dies führt uns zu:

---

[1] Li-ki Cap. Wang-tschi 5 f. 19 p. 17 sagt: Vor Alters zahlten die Marktbuden eine Abgabe, aber die Waaren weiter keine; die Zöllner untersuchten was einpassirte, aber sie
erhoben keinen Zoll davon und nach Meng-tseu 1, 2, 28, 5, 22 untersuchte man, als
Wen-wang in Ki regierte, überhaupt am Thore und Markte die eingehenden Waaren, erhob
aber keine Abgaben davon. Dies stimmt nicht mit dem Tschen-li. II, 13 8 sagt Mengtseu: Die Alten legten Zollhäuser an, die Bedrückung zu wehren, die Neuern benützen sie
zur Unterdrückung. und I 6, 8 will er die Marktabgaben abgeschafft wissen. Auffallend
ist, dass Confucius dagegen bei Tso-tschi Wen-kung Ao 2 f. 6 v. S. B. 15 S. 430 den Tsangwen-tschung tadelt, dass er die 6 Schlagbäume an der Grenze von Lu hinweggräumte. Meng-tseu
I, 4, 10 p. 69 heisst es: in alter Zeit war auf dem Markte ein Beamter, der auf Ordnung hielt;
da fiel es einem gemeinen Menschen ein, einen erhöhten Platz zu errichten um Alles zu übersehen, seitdem gab es die Abgaben von den Waaren und I, 3, 5 p. 45 sagt er zum Fürsten von Tsi:
legst du eine Abgabe auf die Buden und nicht auf die Waaren, dann werden alle Kaufleute
willig deine Märkte mit Waaren versehen; findet eine Untersuchung statt an den Thoren,
aber es wird keine Abgabe dabei erhoben, dann werden alle Fremden im Reiche gerne
deine Landstrassen bereisen.

[2] Als der verbannte Minister von Thsin. der Fürst von Jang (266 v. Chr.), beim Grenzpasse
ankam, untersuchte man sein Gepäck nach See-ki 79 f. 11, 5 B. 30 S. 244 und es stellte
sich heraus, dass er mehr werthvolle Sachen und Kostbarkeiten besass, als der König von

dem Passwesen und der Passpolizei. Der Passbeamte (Tschang-tsie) hatte nach B. 14 f. 38 (15 f. 10 v.) des Reiches Siegel zu bewahren und unterschied ihren Gebrauch, um die kaiserlichen Befehle zu befördern. Die Feudalreiche (Pang-kue) bedienten sich der Siegel aus Jü- (Juspis-) Stein, die Domänen und Apanagen (Tu und Pi) solche aus (Rhinoceros- oder Büffel-) Horn, vergl. B. 38 f. 36 (nach den Schol. nur im Innern). Die Feudalreiche in Bergen (Schan-kue) hatten solche in Tigerform (Hu-tsie) (weil es da viele Tiger gab); die im ebenen Lande (Tu-kue) Menschensiegel (Jin-tsie); die an Seen (Tse-kue) Drachensiegel (Lung-tsie); die Figuren waren alle aus Metall gegossen. Dies waren nach den Scholien die für die kaiserlichen Gesandten, die der Feudalfürsten hatten noch besondere.[1]) B. 38 f. 35 wiederholt obige Angabe und setzt hinzu: Die Wegbeamten hatten Tafeln mit einer Fahne, die an Thoren und Barrièren Tafeln mit Siegeln, die vereinigt wurden: die Vorsteher der Apanagen und Domänen solche mit der Figur einer Flöte, und diese 3 letztern waren aus Bambu. An den Thoren und Barrièren bediente man sich nach B. 14 f. 40 der Certificate (Fu-tsie), für Waaren zum Verkaufe der Tafeln mit den kaiserlichen Siegeln (Yü-tsie); auf Wegen und Landstrassen der Täfelchen mit Fahnen (Sing-tsie); alle diese 3 mussten in einer gewissen Frist zurückgegeben werden. Alle, die eine längere Reise machten, bedurften eines solchen Passes (Tsie) und einer Deklaration (Tschuen) (wohin sie wollten); ohne diese wurden sie nicht ausgelassen. Alle Quartiere der Stadt waren auch durch Thore abgesperrt. Die Wächter der Quartier-Thore (Sieu-liü-schi) liessen sie durch die Bewohner des Quartiers (wie noch in Japan) nach B. 37

Thsin Früher hatte er nach f 2 v., S. 231 keine Fremden (Redner) in Thsin einpassiren lassen, aber den Wagen, worin Fan-hoei sass, vergessen zu durchsuchen; der stürzte ihn dann später und nahm seine Stelle ein. Nach Sse-ki B. 75 f. 5, S. B. 81 S. 73 eilte der Landesherr von Meng-tschang, in Freiheit gesetzt, über die Grenze zu kommen. Den König von Thsin reute es bald, dass er ihn freigelassen und er entsandte vergeblich Leute, die ihm mit untergelegten Pferden nachsetzen mussten. Es war da Sitte, Fremde erst nach dem ersten Krähen des Hahnes hinauszulassen. Indess ein Freund half ihm aus der Verlegenheit. Er verstand das Krähen des Hahnes nachzuahmen und that es. Sobald man am Passe hörte, dass der Hahn gekräht, liess man den Fremdling über die Grenze ziehen: so entkam er.

1) Die folgende Phrase ist undeutlich. Biot übersetzt: man fügte noch ein officielles Billet hinzu.

f. 33 bewachen. Nur die Passtafeln hatten, wurden an den Thoren nicht befragt (inquirirt). Bei einem grossen Allarme (einer feindlichen Invasion) beruft der Ta-sse-tu das Volk (der Hauptstadt) an die Pallastpforte und befiehlt, dass keiner ohne Passtafel mit Siegel im Reiche verkehren könne: nach B. 11 f. 12 hat das Volk dann speziell sein Dorf zu bewachen und nur passiren zu lassen, wenn einer, der einen Befehl bringt, die Tafel mit der Fahne mit sich führt. Nach den Schol. ertheilten die Thorvorsteher diese Pässe denen, die hinausgingen; die Barrièrenvorsteher denen, die hereinpassirten; den Kaufleuten gab sie der Marktwart; Träger von Erlassen und Befehlen der Regierung und die Emigranten-Familien erhielten sie von den Vorstehern der innern und äussern Distrikte; nur die blos temporär zum Thore und nicht zur Stadt hinaus wollten, bedurften keines Passes. Nach B. 11 f. 36 begleitete Familien, welche in der Hauptstadt oder dem Weichbilde blos umzogen, der Vorstand der Gruppen von 5 (Pi-tschang) und übergab sie ihrem neuen Vorsteher; zogen Familien aber in ein anderes Land, so erhielten sie von ihm eine Tafel mit einer Fahne und konnten dann erst ihre Reise antreten. Wer ohne einen solchen Pass oder Attest den Ort verliess, wurde in das Centralgefängniss gesetzt. Leute aus dem Volke, die von Aussen herkamen, mussten nach den Schol. zu B. 4 f. 41 von ihren Ortsbeamten einen Pass haben; an der Barrière behielt der Vorstand dieses Täfelchen und gab ihnen dafür ein Certifikat (Fu-tsie); damit konnten sie das Reich betreten. An den Thoren der Hauptstadt mussten sie den Tag angeben, wann sie ankamen und wieder fortgingen; an der Barrière gaben sie dann ihr Certifikat zurück und erhielten ihr Reisetäfelchen dafür wieder und konnten so auspassiren. Die aus dem Innern des Reiches kamen, erhielten ein solches von ihrem Ortsvorstande, alle galten nur für eine gewisse Zeit. Nicht nur das Volk und die Kaufleute, sondern auch die Thor- und Barrièrenvorsteher mussten die Reisetäfelchen in einer bestimmten Frist wieder einliefern und erhielten sie dann wieder und wenn sie abgenutzt waren dafür neue. Der Zweck dieser Einrichtung war nach den Schol., das Volk an den Boden zu fesseln, und heimliche Zusammenkünfte der Beamten und unerlaubte Verabredungen der Graduirten zu hindern. Beim Verfalle der Kaisermacht der Tscheu machten aber die Vasallenfürsten sich unabhängig, und die Aufnicht der kaiserlichen Beamten erstreckte sich nicht über das Kaisergebiet hinaus. [1]) Unter Han Wen-ti (179—156) wurden die Verbote, die Barrièren zu passiren, wieder erneuert. Nachtwachen, Feuerpolizei. Nach dem Tscheu-li B. 37 f. 26 (36, 22 v.) hatte der Sse-u-schi die Zeiten der Nacht unter sich; mittels der Sterne theilte er die Nacht ein und erliess an die Nachwachen (Ye-sse) die auf die Nacht (bezüglichen) Verbote. (Diese patrouillirten nach den Schol. Nachts.) Er arretirte die vor Tages Anbruch ausgingen und spät nach Hause kamen oder Nachts herumstreiften. Der Sse-hiuen-schi oder Feuervorstand hatte nach B. 37 f. 27 mit dem Brennspiegel (Fu-sui) das glänzende Licht der Sonne und mit einem gewöhnlichen Spiegel das glänzende Wasser des Mondes aufzufangen, um das reine Wasser und die glänzenden Fackeln zum Opfer zu liefern. Auch bei grossen Anlässen stellten sie die grossen Fackeln auf. In der Mitte des Frühlings verkündeten sie mit der Glocke (Mo-to) in der Mitte der Hauptstadt die Feuerverbote (Ho kin), ebenso bei einer Truppen-Vereinigung. Nach den Schol. musste man im 3. Frühlingsmonate das Feuer zum Hause hinausthun; man durfte nur an bestimmten Plätzen sich des Feuers bedienen, und musste am Winde trocknen; nach Li-ki Cap. Yuei-ling 6 f. 55 v. durfte man im 2. Sommermonate nur an der Sonne trocknen.

Zur Sicherheits-Polizei kann man das Folgende rechnen: Nach Tscheu-li B. 37 f. 16 (36, 17 v.) überwachte der Kin-scha-lo, d. i. Verbieter von Todtschlägen und Verwundungen, die welche einen Menschen verwundeten oder tödteten und die das Blut sahen und es nicht anzeigten, die Gefangene oder die ins Gefängniss geführt werden sollten, aufnahmen und die, welche Erklärungen vor Gericht (über Schlägereien) hinderten, wurden von ihm angezeigt und zur Strafe gezogen. Ein anderer Beamter, der Kin-pao-schi hatte Gewaltthätigkeiten unter dem Volke zu hindern.

---

1) Nach Su-ki B. 64 f. 10, S. B 29, 113 hatte der Fürst von Schang als Minister in Thsin ein Gesetz gegeben: wer Menschen beherbergt, die ohne Ausweis sind, wird verhaftet. Als er nun nach dem Tode Hiao-kang's 338 von dessen Nachfolger gestürzt, entfloh und an der Gränze einkehren wollte, wies der Wirth, da er ohne Ausweis war, gemäss dem von ihm selbst gegebenen Gesetze ihn zurück, und er bedauerte jetzt, es gegeben zu haben.

die sich mit Gewalt Recht verschaffen wollten, sich eine Autorität anmassten, die ihnen nicht zukam, die Verordnungen übertraten, ihre Worte fälschten und nicht redlich waren, brachte er zur Anzeige und Bestrafung; wo Menschenmassen zusammenkamen, da machten sie die Runde und hinderten die, welche die Verbote übertraten, und führten die Verbrecher aus und in's Gefängniss. Dass man auf dem Markte sich nicht schlug, beleidigte, keine Gewaltthätigkeiten und Unordnungen beging, dafür sorgten die Sse-pao nach B. 14 f. 22 (15, 4 v.) S. oben S. 722.

Nach B. 37 f. 29 (1) begleiteten den Kaiser und die Vassallenfürsten zu beiden Seiten des Wagens nach ihrem Range 8, 6, 4, 2 Tiao-lang-schi mit Peitschen, welche die Menge abhielten. Nach dem Schol. liefen vor und hinter dem Wagen des Kaisers, wenn er ausfuhr, die Hu-fen (schnell wie Tiger), zu beiden Seiten die Liü-fen, Läufer in Trupps; die Tiao-lang schi voran zu beiden Seiten des Weges. In der Hauptstadt war es auch verboten, zu schreien, laut zu rufen, Ausrufe und Klagegeschrei zu erheben, singend und heulend durch die Strassen zu ziehen, und ein eigner Beamter, der Hien-mei-schi, hatte nach B. 37, f. 45 dieses zu hindern, namentlich bei kaiserlichen Audienzen, grossen Opfern und grossen Truppenvereinigungen.

3. Die Criminal-Gesetzgebung.

Einige Chinesen haben geglaubt, dass in der ältesten Zeit es gar keiner Strafgesetze bedurft hätte. Vor Alters, zur Zeit der grossen Gesetzlichkeit (Ta-tao), sagt Kaiser Tsching-wang im Schu-king Cap. Tscheukuan (IV, 20, p. 255) bestand die gute Regierung darin, den Unruhen zuvorzukommen und das Reich ohne Gefahr zu erhalten, und im Sse-ki B. 43 f. 26 sagt der König von Tschao (307): „Fo-hi und Schin-nung belehrten und straften nicht (Kiao eul pu tschu); Hoang-ti, Yao und Schün straften, aber zürnten nicht (Tschu eul pu nu). Im Kia-iü, U hing kiai Cap. 30 f. 14 fragt sein Schüler Yen-yeu Confucius, ob es wahr sei, dass im Alterthume die 3 Hoang und die 5 Kaiser (U-Ti) die 5 Strafen noch nicht angewandt hätten? Confucius erwidert: die heiligen Männer (jene), indem sie Dämme aufwarfen (gegen die Verbrechen) hielten sehr darauf, dass keine Uebertretungen (Fan) stattfänden; sie verordneten die 5 Strafen, aber wandten sie nicht an, und darin bestand die Höhe ihrer Regierung" und geht dann auf eine Erörterung über die Quelle der Verbrechen ein. Dass aber auch in alter Zeit — Tschi-yeu lebte unter Kaiser Hoang-ti — es schon Verbrechen und Strafen gab, sagt der Schu-king selbst im Cap. Liü-hing IV, 27 in: „Nach den alten Urkunden, sagt dort Kaiser Mu-wang, begann Tschi-yeu Unruhen zu erregen; Alles war voll Räuber und das Uebel erstreckte sich bis auf's Volk, das früher so unschuldig war; überall sah man nichts als Verbrecher, Diebe, Betrüger und Tyrannen. Der (oder die) Häuptling der Miao übte (nach den Kue-iü unter Kaiser Yao) die Tugend nicht, herrschte nur durch Strafgesetze, wandte die 5 Strafen (Fa) an; er strafte Unschuldige, und das Uebel nahm immer mehr zu. Wenn er zum Abschneiden von Nase und Ohren, Castriren (oder zur Pallaststrafe) oder zur Brandmarkung (Schwärzen) verurtheilte, machte er keinen Unterschied, ob Einer sich rechtfertigen konnte oder nicht. Alles gerieth in Verwirrung, das Gerücht von solchen Grausamkeiten, selbst gegen Unschuldige, stieg empor bis zum Schang-ti (Gott). Er empfand nicht den Duft der Tugend, sondern nur den Gestank der martervoll Hingerichteten; er hatte Mitleid mit so vielen unschuldig Hingerichteten, strafte die Urheber der Tyrannei und vernichtete die Miao. Der erhabene Herr unterrichtete sich von dem, was im Reiche vorging; Wittwen und Wittwer klagten die Miao an, und er (Yao) befahl den 3 Heu (Fürsten), dem Volke seine Liebe zu ihm zu zeigen, Pe-i erliess weise Anordnungen, besserte das Volk und hinderte es, strafbare Fehler zu begehen; Yü heilte die Uebel der Ueberschwemmung, Heu-Tsi gab Anleitung zum Ackerbau und Anbau der Felder. Man säete alle Arten von Korn, und dem Volke mangelte nichts. Der Justiz-Minister oder Criminal-Richter (Sse, nämlich Kao-yao) bediente sich der Strafen, das Volk in Ordnung zu halten und es zu lehren, immer die Tugend hochzuhalten u. s. w.

Wir sehen hier schon die 5 Strafen erwähnt und die Grundideen der chinesischen Strafgesetzgebung, die das Verbrechen nicht isolirt betrachtet, sondern annimmt, dass unter einer guten Regierung bei gehöriger Sorge für den Unterhalt und die Belehrung des Volkes auch der Verbrechen nur wenige sind, dagegen bei einer schlechten, tyrannischen Regierung sie sich mehren. Dies nehmen die chinesischen Weisen all-

gemein an und schreiben den grausamen Strafen den Sturz der Dynastie
zu. Wir wollen nur eine Stelle des Schu-king anführen: Cap. To-fang
IV, 18, da erzählt Tscheu-kung, wie der Schang-ti den letzten (Kaiser der
1. D.) Hia(Kie), (1818-1766) der ganz in Vergnügungen und Ausschweifungen
versunken war, erst durch allerlei Ungemach, welches er herabsandte,
warnte. Da der aber sich nicht besserte, das Volk tausend Martern
erdulden liess, wodurch Unzufriedenheit und Verwirrung sich mehrten,
so wählte der Himmel einen Mann, welcher der Herr des Volkes zu sein
geeignet war, Tsching-tang (den Stifter der 2. D.), an seiner Stelle das
Volk zu regieren. Der letzte Kaiser hatte nur lasterhafte Menschen mit
Ehren und Würden bekleidet, tausend ungerechte und grausame Handlungen
wurden begangen, und Jeder fand Hindernisse der Subsistenz.
Tsching-tang dagegen war ein wahres Muster und sehr aufmerksam auf
Alles, was dazu diente, das Leben und die Ruhe seines Volkes zu erhalten.
Bis zum Kaiser Ti-y (dem 29. der 2. D. 1191 — 1155), führt
Tscheu-kung fort, war die Tugend geehrt und belohnt, die Verbrechen
wurden verhältnissmässig, die Schuldigen mit dem Tode oder sonst schwer
bestraft, wenn die Vergehen schwer waren; aber man setzte in Freiheit
die, deren Unschuld anerkannt wurde. So that Jeder seine Pflicht. Nicht
so aber war es mit eurem letzten Kaiser (Ti-siu oder Scheu von der
2. D. 1154—1123). Er regierte nicht nach den Gesetzen seiner Dynastie,
die er vom Himmel erhalten hatte. Er dachte nur, seine Leidenschaften
zu befriedigen und zeigte weder Sittenreinheit noch Eifer; daher strafte
ihn der Himmel und setzte an seine Stelle (den Stifter der 3. D.) Tscheu.
Tschung-kung bei Kung-tschung-tseu im I-sse B. 95, 2 f. 6 v. fragt
Confucius angeblich, wie die Belehrung zu den Strafen bei den Alten
im Verhältnisse zu den jetzigen gewesen sei. Confucius sagt: „der
Strafen bei den Alten waren wenige (Seng), bei den Neueren sind es
viele (Fan), die Belehrung bestand im Alterthume in den Gebräuchen
(Li) und dann erst kamen die Strafen. Jetzt belehrt (leitet man nicht
an) zu den Gebräuchen und will Alles durch Strafen regeln; daher sind
der Strafen so viele. Vgl. auch J-sse 95, 4 f. 5 v.

Zweck und Nothwendigkeit der Strafe. Den Zweck der Strafe
bezeichnet Kaiser Schün im Schu-king Cap. Ta-yü-mo 1, 3, 8 schon dem
Criminal-Richter (Kao-yao): „Du weisst zweckmässig die 5 Strafen und

die 5 Belehrungen anzuwenden; daher ist das Reich ruhig; die Furcht vor diesen Strafen hindert viele Vergehen zu begehen, die man bestrafen müsste, und das Volk hält die rechte Mitte" und Coufucius im Y-king Schi-ho Cap. 21, im Commentar Siang T. 2, S. 41 sagt: „die alten Weisen suchten das Reich durch gute Sitten zu begründen, und die Hindernisse wurden gehoben durch den Schrecken und die Anwendung von Strafen gegen die Schuldigen. Indem die früheren Kaiser die Strafen in's Licht setzten, förderten sie das Gesetz." (Sien wang i ming fa, lai fa) und zum 1. Epiphonema p. 42: „Er heisst ihn in Fesseln halten, und die Füsse verletzen (fesseln oder abschneiden), und es schadet nichts", sagt Confucius: „eine kleine Züchtigung für ein Vergehen veranlasst, dass man sich vor grösseren hütet." „Wenn die Strafen gerecht angewandt werden, heisst es im Li-ki Cap. Ta-tschuen 13 S. 73, lebt das Volk ruhig, dann mangelt ihm nichts und es können seine guten Wünsche sich erfüllen." „Die früheren Kaiser, sagt Tso-schi Tschao-kung Ao 6 f. 35, S. B. 21, S. 166, entschieden mit Strenge in Strafsachen, um vor Uebertretungen abzuschrecken." Die Strafen sind nach Li-ki Cap. Yo-ki 16, S. 83 fg. eingeführt, Unordnungen zu hindern. Der Mensch ist nach S. 85 von Natur friedlich; aber die äusseren Gegenstände bewegen ihn und erregen in ihm Gelüste. So erlangt er Kenntnisse, aber es entstehen auch Liebe und Hass; darum ordneten die alten Kaiser die Gebräuche und die Musik an, um bei den natürlichen Excessen der Menschen die rechte Mitte zu erzielen. Die Gebräuche regeln die Gefühle des Volks; die Musik, die Töne, die Gesetze nöthigen es, die Gebräuche zu beobachten; die Strafen hindern Einen, sich davon frei zu machen; die Gebräuche, die Musik, die Strafen und die Gesetze erstrecken sich daher über Alles; Keiner darf sich dagegen auflehnen."

Grund der Verbrechen. Vorbeugung derselben. Verhalten dabei. Die alten Chinesen betrachteten das Vergehen u. die Verbrecher nicht, wie gesagt, isolirt, sondern als unter äussern Verhältnissen entstanden, welchen zuvorzukommen das Ziel einer guten Regierung sein müsse. Confucius im Commentar Siang zum Y-king Cap. 27, T. II p. 97 sagt schon: „Wenn das Volk nicht zu leben hat, verläuft es sich und wird Räuber und Rebell." Als Ki-kang-tseu in Lu von Räubern belästigt war und desshalb Confucius befragte, sagte dieser nach Lün-iü II, 12, 17:

„Wenn du — er war Minister— nicht habgierig wärest, würde das Volk nicht Räubereien treiben, und wenn du es auch dazu dingen wolltest." Und 1, 8, 10 sagt er: „Wird ein kräftiger Mann durch Armuth sehr gedrängt, so empört er sich wohl und zeigst du einen zu unmässigen Hass gegen einen Schlechten, so treibst du ihn leicht zum Aufstande." Mengtseu 1, 1, 46 (7 p. 14) sagt: „Nicht die Mittel, die zum Leben nöthig sind (tschan) haben und doch immer gleichmässig die Tugend bewahren, das vermag nur ein Mann, dessen Geist ausgebildet ist, und der sich über den grossen Haufen erhebt. Entbehrt der gemeine Mann die nöthigen Lebensbedürfnisse, so verletzt er das Recht, sein Herz verdirbt, er ergibt sich dem Laster und wird zu Allem fähig; verfällt er dann in ein Verbrechen, so verfolgt man ihn und verhängt allerlei Strafen über ihn; das heisst aber nur dem Volke Netze (Fallen) legen. Kann wohl ein wahrhaft humaner Fürst sein Volk so in den Netzen fangen? Daher müsse ein einsichtsvoller Fürst, führt er dann aus, zunächst dafür sorgen, dass das Volk genug zu leben habe, um Aeltern, Weib und Kind zu ernähren; dann aber auch, dass es den nöthigen Unterricht in den Schulen erhalte; so werde er das Volk zur Tugend leiten und dieses ihm willig folgen. Ganz anders verfahre man freilich zu seiner Zeit." Aehnlich spricht er 1, 5. 8. p. 74: „Hat das Volk zu leben, so ist sein Sinn beständig; wo nicht, auch das nicht. Dann verfällt es in allerlei Ausschweifungen. Verfällt es so in Verbrechen und man sucht es nun mit Strafen heim, das heisst es in Netze fangen; darf aber wohl ein humaner Fürst das thun?" I, 2, 12 (45) klagt der Fürst von Tseu Mu-kung ihm: Im Kampfe gegen Lu seien 30 seiner Beamten (Offiziere) gefallen und das Volk habe sie nicht vertheidigt, was dabei zu thun sei? alle könne er sie doch nicht hinrichten lassen; lasse er aber das ungestraft, so werde es sie nicht vertheidigen. Meng-tseu erklärt ihm nun, wie das gekommen sei: „In Jahren der Noth habe er Alte und Schwache in Gräben umkommen lassen und die rüstige Jugend musste auswandern, während des Fürsten Speise- und Schatzkammern gefüllt waren. Tseng-tseu habe gesagt: 'Seht euch wohl vor und gebt wohl acht, wie ihr es treibt, so wird es euch vergolten'; das Volk übte jetzt Vergeltung. Sei der Fürst Tadels frei? Er führe eine humane Regierung, dann werde das Volk seine Obern lieben und für seine Beherrscher sterben (in den Tod gehen)." Er empfiehlt daher den Fürsten seiner Zeit 1, 1, 5 (23) eine wohlwollende Regierung, Minderung der Strafen, Verringerung der Abgaben, dass das Volk seine ganze Kraft auf den Ackerbau verwenden könne, und die Jugend Musse habe, Pietät und Bruderliebe, Treue und Redlichkeit zu üben. Der angebliche Confucius im Kia-iü Cap. 30 f. 14 fg. führt weitläufig aus, aus welchen Quellen die Verbrechen entstehen, und wie man die verstopfen müsse, wenn man die Verbrechen hindern wolle. Wir wollen nur die wesentlichen Gedanken im Auszuge mittheilen. Wenn alles Volk ausschweift (Kieu-sini), heimlich stiehlt, die Gesetze übertritt und einen schlechten Wandel führt, so entsteht dies daraus, weil nicht genug da ist, und dieses, weil man kein Maas (tu) hält. Da stiehlt der Kleine, der Grosse übertritt ausschweifend das Gesetz; Keiner hält die Ordnung; es kommt daher darauf an, dass man oben Maas halte. Die Impietät entsteht aus der Inhumanität, und diese aus (der mangelhaften Beobachtung) der Trauer- und Opfergebräuche. Auf diese muss man daher halten, dann ist das Volk fromm. Wenn Einer seinen Obern tödtet, so entsteht das aus deren unrechten Stellung; werden Angesehene und Geringe, Geehrte und Niedrige gehörig unterschieden, dann ehrt Jeder im Volke seine Obern und Vorgesetzten. Streitigkeiten und Zwistigkeiten entstehen aus gegenseitigen Anstössen (ling), und diese, wenn Aeltere und Jüngere keine Ordnung halten, und die Ehrerbietung und Nachgiebigkeit nicht beobachten. Geschlechtliche Ausschweifungen und Unordnungen entstehen daraus, wenn Männer und Frauen nicht getrennt sind; wenn daher die Hochzeitsgebräuche beobachtet werden, finden diese nicht statt. Die Verbrechen, denen die 5 Strafen folgen, haben beim Entstehen jedes seine Quelle; verstopft man die nicht, so legt man dem Volke nur Fallstricke, um es zu strafen. Sie entstehen aus der nicht geregelten Lust und Begierde; die Bräuche sind aber die Maassregeln, mit denen man diese zügelt (oder leitet). Auf diese muss man daher halten, um die Vergehen zu hindern. Vgl. auch Kung-tschung-tseu im J-ssc B. 95, 2, f. 6 v. Im Li-ki im Cap. Fang-ki 30 f. 22 v. (25 S. 152) sagt Confucius: „Der Arme wird leicht kleinmüthig in seinem Elende und Dieb; der Reiche übermüthig und widerspänstig; daher haben die alten, weisen Kaiser die Vermögensverhältnisse des Volks so geordnet, dass Eines Reichthum es nicht bis zum Uebermuthe und Eines Armuth und Elend es nicht bis zum Kleinmuthe kommen lasse; so gab es keinen Diebstahl und keine Unordnung." Confucius sagt im Lūn-iū II, 13, 11: Es ist eine alte Rede, dass wenn eine Folge von tugendhaften Männern eine Provinz nur 100 Jahre regierte, der Tyrannei und der Todesstrafe ein Ende gemacht würde und II, 12, 18, wo Ki-kang-tseu ihn fragt, ob es nicht entsprechend sei, die Lasterhaften zu tödten, um die Tugendhaften zu fördern, erwidert ihm Confucius: „Wenn er gut zu regieren wünsche, wie er da Menschen zu tödten (hinzurichten) brauche? er brauche nur selber die Tugend zu erstreben, so werde das Volk tugendhaft werden. Die Tugend des Weisen (Höhern) gleiche dem Winde, die seiner Untergebenen dem Grase; wenn der Wind über das Gras wehe, lege es sich nieder (gebe es nach)." Im Kia-iū 21 f. 33, auch im Ta-toi Li-ki im J-sse 95, 4 f. 5, sagt Confucius: „Hat das Volk ein kleines Vergehen (Kuo) begangen, so suche man seine gute Seite auf und verzeihe es. Hat das Volk ein Verbrechen (Tsui) begangen, so erforsche man dessen Quelle und unterstütze durch Humanität seine Umwandlung. Hat es ein Todesverbrechen (Sse-tsui) begangen, so ist die Hauptsache, dass es gut werde. So entsteht zwischen Obern und Untergebenen eine Zuneigung. Man entfernt nicht das rechte Princip (Tao) und verbessert und wandelt das verkehrte um. Daher ist die Tugend der Anfang einer guten Regierung."

Die Chinesen haben eine eigene Classe von Schriften über Gesetze (Fa-kia-lui). Der Auszug aus Kian-lung's Bibliothek 10 f. 3 nennt 4 aus alter Zeit. Der berühmteste darunter ist Kuan-tseu aus Thsi 480 v. Chr. Sie sind uns aber nicht zugänglich.

Von den Vergehen und Verbrechen überhaupt und im Einzelnen. Die alten Chinesen haben schon verschiedene Ausdrücke für Vergehen und Verbrechen: Kuo ist eigentlich ein excessus; Schi ein defectus; Fa ist ein geringeres Vergehen; Ngo, das Böse, die Missethat; Fa-ngo sind die grossen Verbrechen. Der Tung-lūn in Khang-hi's Tseutien unter dem Charakter Ngo definirt dies und das erstere so: yeu sin eul wei ngo, wei tschi ngo; wu sin eul ngo, wei tschi Kuo, d. i.: hat einer die Absicht (sin, das Herz) und thut das Böse, so ist es eine Bosheit, Missethat (ugo); hat einer nicht die Absicht und thut etwas Böses, so ist es ein Vergehen (kuo). Tscheu-li B. 11 f. 14 (12 f. 6 v.) verbindet so Kuo und ngo und B. 13,

f. 35 (14, 9) Ya, ngo, kuo und schi. Fa ist dann auch der gewöhnlichste Ausdruck für ein kleines Vergehen und eine kleine Strafe und Tsui¹) für ein schweres Verbrechen und die dem entsprechende schwere Strafe.

Bei der Bestrafung werden im Schu-king schon ohne Absicht begangene Vergehen (Kuo) und absichtlich (handelnde), unverbesserliche Verbrecher unterschieden. Im Cap. Schün-tien 1, 2, 11 S. 16 heisst es vom Kaiser Schün schon: „er verzieh (die Vergehen), die durch ein Unglück (unglücklichen Zufall) und eine Ausschreitung begangen waren (tsai see tschi), aber er strafte die Diebe, die fortwährend es thuten (unverbesserlich waren) (hu tschung tse hing), und Ta-yü-mo 1, 3, 12, S. 26 sagt der Criminalrichter (Kao-yao) vom Kaiser, er verzeiht Vergehen, (ohne Rücksicht, ob) sie gross oder klein (yeu kuo wu ta), er bestraft aber alte (eingewurzelte) ohne Rücksicht darauf, ob sie klein sind (hing ku wu siao).²) Im Cap. Kang-kao IV, 9, 8 S. 195 heisst es: „Seid aufmerksam, was die Strafen (tsui) betrifft; hat ein Mensch auch nur ein kleines Verbrechen begangen (jin yeu siao tsui) aber absichtlich³), so muss er schwer bestraft werden (nai pu kho pu scha); war das Verbrechen dagegen gross (nai yeu ta tsui), aber nicht in böser Absicht begangen, so ist es ein Unglück und ein Zufall, der darf nicht bestraft werden (schi nai pu kho scha). Noch ausführlicher erklärt sich darüber der Kaiser Mu-wang (1002—947) im Cap. Liü-hing, d. h. die

---

1) Der Charakter für Fa ist zusammengesetzt aus Messer Cl. 18 und einer Gruppe Li, schmähen; der Schue-wen erklärt es, wenn man ein Messer in der Hand hat, aber Einen damit nicht verwundet, sondern ihn nur schmähet. Der Charakter für Tsui, Verbrechen, Strafe, ist zusammengesetzt aus Cl. 122, das Netz, und Cl 175 Gegensatz, nicht, schlecht; wenn man in das Netz des Gesetzes verfällt.

2) Wir übersetzen den Text nach den Schol. (Kuo wu, sai ta, pi yeu, und: ku fan, sai siao, pi hing); das obschon (sui) steht aber eigentlich nicht im Texte, der immer überaus kurz und dunkel ist.

3) So übersetzt Gaubil nach dem Schol.: yung I in tsou. Der Text ist dagegen weitläufig und dunkel: sui tsing, nai wei tschung, tsee tso pa-tien, schi eal, yeu küs tsai siao u. s. w. Wir können ohne Mittheilung des chinesischen Textes hier in eine genauere Erklärung desselben aber nicht eingehen. Dasselbe gilt vom Folgenden im Texte: nai wei tsing tsai, schi eal, ki tao khi hue Ku, u s. w.

Strafen des (Fürsten von) Liü. Schu-king IV, 27, 13, p. 296 [1]), vgl. See-ki B. 4 f. 16 fg.; §. 16 p. 296 rechnet er sonderbar 5 Fälle, wo solche Vergehen wie Krankheiten oder Schwächen zu entschuldigen sind (U kuo tschi tse): 1) wenn man einen Mann im Amte fürchtete; 2) wenn man aus Rache oder Erkenntlichkeit für eine Wohlthat handelte; 3) wenn man durch Frauengerede bestimmt wurde; 4) wenn man aus Liebe zum Golde handelte; 5) wenn man auf grosse Empfehlungen hörte [2]), und §. 19 S. 297 heisst es: (Es gibt Fälle) wo (eigentlich) eine grosse Strafe stattfinden sollte, aber (das Motiv die Vergehen) leicht (erscheinen lässt); da muss man nur leicht strafen, (dagegen gibt es Fälle, die eigentlich nur) leicht zu bestrafen sind, die aber das Motiv erschwert; da muss man härter strafen. (Schang hing schi khing, hia fu; hia hing schi tschung, schang fu.)

Die Lehre von den einzelnen Vergehen und Verbrechen muss sehr ausgebildet gewesen sein; denn Meng-tseu spricht von 3000 Verbrechen, und der Tscheu-li B. 36 f. 80 (f. 2) von 2500 (500 für jede der 5 Strafarten). Aber wir können die einzelnen nicht und wissen auch von keiner Classifikation derselben. Es scheint viel Vages und Unbestimmtes dabei mit untergelaufen zu sein. Wir bemerkten S. 719 schon, dass nach Tscheu-li B. 14 f. 11 auf dem Markte ein kleiner Betrug im Handel, wenn er nicht bis ¹/₁₀ ging, nicht bestraft wurde. Der Schol. erklärt es, z. B. wenn der Reis nass gemacht wurde. Hanf unter Seide gemischt wurde, Altes für Neues verkauft wurde u. dergl. Im Tscheu-li B. 9 f. 47 fg. (10, 26) werden 8 strafbare Handlungen (Pa hing) hervorgehoben, die der Ta-sse-tu in den innern Distrikten untersuchen lässt, es sind dies aber nicht eigentliche Criminalverbrechen, welche der Criminalrichter bestrafte, sondern Vergehen gegen die Moral, die der Distriktsbeamte mit der Bastonade ahndete. Er belohnt, heisst es da, die dreierlei Arten von Verdiensten: 1) die 6 Tugenden, 2) die 6 lobens-

---

[1] Bei den begangenen Fehlern muss untersucht werden, ob sie absichtlich begangen sind oder nicht. So übersetzt Gaubil nach den Schol.; der Text ist wieder sehr kurz und dunkel, fei tschung wei tschang tsai jin und besagt das kaum.

[2] Der chinesische Text ist wieder sehr kurz und unbestimmt: 1) wei kuan; 2) wei fan; 3) wei nui. 4) wei ho; 5) wei lai, wörtlich heisst das nur: 1) wegen eines Amtes; 2) wegen einer Vergeltung; 3) wegen des Innern; 4) wegen Güter; 5) wegen Verleitung.

werthen Handlungen und 3) die 6 Fertigkeiten (Künste), dagegen bestraft er: 1) Impietät (Pu hiao); 2) Mangel an Liebe (zu den 9 Graden der Verwandten) (pu mo); 3) dergleichen gegen die Verwandten von Mutter und Frau (pu yn); 4) Mangel an brüderlicher Liebe (Pu ti); 5) Mangel an Treue im Amte (Pu jin)[1]; 6) Mangel an Menschenliebe oder Mitleid (pu sio); 7) Verbreitung von (falschen) Gerüchten (tsao yen), und 8) Erregung von Unruhen unter dem Volke (loen min). Nach Tscheu-li B. 13 f. 38 fg. (14, 11) soll der Tiao-jin oder Friedensrichter Zwistigkeiten unter dem Volke beilegen und vermitteln und die Sache abmachen, wenn Einer unvorsichtiger Weise einen Menschen verwundet oder getödtet hat, so auch wenn dies durch ein vierfüssiges Thier oder einen Vogel geschehen ist. Er bestraft mit verschiedenen Graden der Verbannung: 1) Feindschaft gegen seinen Vater (fu tschi tscheu), welcher gleichkommt die gegen den Fürsten (Kue kiün) — darauf stand Verbannung jenseits des Meeres; 2) Feindschaft der jüngeren Brüder gegen den ältern Bruder (hiung ti tschi tscheu), welcher gleichgestellt war die gegen Lehrer und Obere (Sse tschang) — darauf stand Verbannung auf 1000 Li; 3) Feindschaft gegen des Vaters ältere nnd jüngere Brüder (fu hiung ti tschi tscheu), welcher gleichkam die gegen einen Hauptfreund (Tschü yeu) — er durfte in demselben Reiche nicht bleiben, es sei denn, dass er eine Sicherheitskarte erhalten hatte. Hatte Einer einen Menschen getödtet und er tödtete noch einen (dessen Bruder oder Sohn), so hiess der Tiao-jin die Bevölkerung des ganzen Reiches ihn hassen. Hatte er Einen mit Recht getödtet (z. B. einen Dieb, den er auf der That ertappt hatte), so musste er sich in ein anderes Reich begeben, und der Beschädigte durfte bei Todesstrafe nicht feindlich gegen ihn auftreten.[2] Er schlichtete so alle Streitigkeiten; gelang ihm das nicht, so verzeichnete er den Vorfall und strafte die den Streit anfingen. Vgl. auch die 8 Gründe der Nachsicht Tscheu-li 35, 23 fg.

---

[1] Biot übersetzt: 4) Manque du respect envers les supérieurs, und 5) manque de fidélité vers les amis, nicht richtig.
[2] Der Schol. führt aus Tso-tscheuen einen Fall an: Tsching-feu entführte die Frau eines Mannes. Der griff ihn an, tödtete ihn und ging mit seiner Frau davon. Tseu-tsan verzieh ihm und hiess die Familie Tsching-feu's sich nicht darüber beklagen. Er brauchte also nicht auszuwandern.

Noch vager und unbestimmter sind die 5 grossen Verbrechen, die Confucius angeblich im Kia-iü Cap. 2 f. 3 hervorhebt, da er als Criminalrichter in Lu den Grossen Schao-tsching-mao hatte hinrichten lassen, und sein Schüler Tseu-kung ihn desshalb zur Rede stellte. Im Reiche, lässt man ihn da sagen, gibt es 5 grosse Missethaten (Ngo), und Diebstahl mit Einbruch (Tshie)[1]) und Raub (Thao) sind noch nicht darunter mit inbegriffen. Die 1. ist ein widersetzliches Herz (Sin ni), das noch (?) gross thut (eul hien); 2) ein gemeines (schlechtes) Betragen und dabei fest (beharren) (Hing phi eul hien); 3) Falsche (verläumderische) Reden, die aber kunstreich (als ob sie wahr seien) (yen wei eul pien); 4) Abscheulichkeiten aufzeichnen und sie verbreiten (ki tscheu eul po); 5) dem (schlechten)

---

1) Die Schlauheit der Chinesen dabei zeigt eine Anekdote im Sse-ki B. 76 f. 4 v., S. B. 31, S. 72: Meng-tschang von Tsi wurde 299 v. Chr. nach Thsin gesandt und da sogleich zum Reichsgehülfen ernannt, aber der König Tschao-wang nahm die Ernennung alsbald zurück und setzte ihn gefangen. Mit dem Tode bedroht, bat er die Nebengemahlin des Königs um ihre Verwendung. Sie erklärte sich dazu bereit, doch nur wenn sie einen weissen Fuchspelz, der auf 1000 Pfund geschätzt wurde, und wie er einen früher dem Könige verehrt hatte, bekäme. Er besass aber keinen zweiten. Was thun? Ein Mann, der unter seinen Gästen bisher den letzten Platz eingenommen hatte, verstand sich darauf, als Hund verkleidet Diebstähle auszuführen (neng wei keu thao tsche), schlich sich nun als Hund verkleidet Nachts in die Vorrathskammer des königlichen Palastes, stahl den dem Könige früher geschenkten weissen Fuchspelz, überreichte ihn der Nebengemahlin des Königs und die bewirkte nun auch die Entlassung Meng-tschang's aus dem Gefängnisse.
Die Häufigkeit der Räuber in China um 558 v. Chr. ergiebt ein paar Anekdoten bei Tso-schi Siang-kung A. 15, S. B. 18, S. 148 und 152: Ein Mann in Sung fand einen Edelstein und überreichte ihn Tseu-han (einem höheren Beamten). Der Edelsteinschleifer, sagte er, habe ihn für kostbar gehalten, daher erlaube er sich, ihm denselben zu überreichen. Der Beamte nahm ihn aber nicht an. Ich — sagte dieser — halte die Uneigennützigkeit für etwas Kostbares, du den Edelstein: jeder Mensch muss seine Kostbarkeiten behalten. Der Besitzer aber meinte: trage ich den Edelstein im flusen, so kann ich über den Distrikt nicht hinaus, es wäre mein Tod (er werde von Räubern angefallen und getödtet werden). Tseu-han gab ihm nun eine Wohnung in seinem Dorfe, liess den Edelstein schleifen, und nachdem er ihn verwerthet, ihn mit dem Erlöse in seine Heimath zurückkehren. Ein eigenes Verfahren! Ebenso eigenthümlich ist das in Lu, S. 153: In Lu gab es derzeit viele Räuber. Ki-sün (der erste Minister) sagte zu Tschung-wu-tschung: warum siehst du die Räuber nicht in Untersuchung? er erwiderte: das kann ich nicht. Warum nicht? Du bist doch der Kriminalrichter! Wu-tschung aber erwiderte ihm: Da bist der erste Reichsminister und lässt die Räuber des Auslandes ins Land, da vermähltest Schä-khi (einen Grossen aus Tschü, der mit 2 Städten von Tschü abgefallen war und in Lu Aufnahme gefunden hatte) mit Töchtern der Familie (des Fürsten) Ki und sein Gefolge wurde beschenkt; wenn man die grossen Räuber auszeichnet, so kann man die kleinen nicht entfernen. Was die Höheren thun, nach dem richtet sich das Volk u. s. w.

Strome folgen und als wohlthätig erscheinen wollen (Schün tschhuen enl tse). Wer eine dieser 5 Missethaten begangen hat, ist nicht zu verschonen und der Weise bestraft ihn. Im Kia-iū Cap. U-hing-kini 30 f. 15 sagt der angebliche Confucius: der grossen Verbrechen (Ta tsui) gibt es 5: die Tödtung eines Menschen ist nur ein geringes. Himmel und Erde Widerstreben (ni) ist ein Verbrechen, dessen Strafe sich auf 5 Generationen erstreckt: Wen- und Wu-wang (die Stifter der 3. D. und deren Einrichtungen) verläumden (Wu), ist ein Verbrechen, das bis auf 4 Generationen sich erstreckt; der Menschen Ordnungen (Lün) widerstreben, ist ein Verbrechen, das bis auf 3 Generationen reicht; die Manen und Geister befragen (men) (wohl um Zauberei zu treiben), ist ein Verbrechen, das bis auf 2 Generationen sich erstreckt. Mit der Hand einen Menschen umbringen, ist ein Verbrechen, das bei seiner Person stehen bleibt. Daher sage ich: der grossen Verbrechen gibt es 5; einen Menschen tödten ist darunter nur das geringste. Ebenso unbestimmt, wenn nicht noch unbestimmter, spricht er angeblich im Kia-iū Cap. 31, 16 v. fg., auch im Li-ki Cap. Wang-tschi 5, 29 fg. Sein Schüler Tschung-kung fragt da nach den Verboten (Kin). Confucius sagte: Täuschende Worte (Khiao-yen), Verletzen der Regeln (pao liu), Verbergen eines guten Rufs (thün ming), Alteriren eines Thun (kai tao), Ergreifen (Betreten) den linken (verkehrten) Weg (tso tao), um die Regierung in Verwirrung zu bringen, verdient den Tod (Scha). 2) Ausschweifende Töne spielen (machen) (statt der Musik der alten Kaiser), die Kleidertracht verändern, ungewöhnliche (schlechte) Künste, ungewöhnliche Geräthe anwenden, um die Menge zweifelhaft zu machen — der Kia-iū hat dafür: um das Herz der Obern zu verkehren (i thang schung sin) — verdient den Tod. 3) Einen falschen (schlechten) Wandel führen und dabei fest beharren; Worte fälschen und so Trennungen hervorbringen; Schlechtes lernen und es verbreiten; dem Schlechten folgen und dabei (?) gleissnerisch sein[1]), um die Menge zu täuschen (zweifelhaft zu machen), verdient den Tod. 4) Fälschungen (falsche Angaben) (Kia) betreffend Manen und Geister (hinsichts) der Zeiten und Tage und beim Befragen der Schildkröte (Pu) und der (Pflanze) Schi (ob sie günstig oder ungünstig sind) machen, und

---

1) Tso erklärt der Schol. hua-tso schlüpfrig.

so Zweifel erregen bei der Menge, verdient den Tod. Diese 4 Verbrecher muss man nicht erst vernehmen (nach den Schol. unter dem Dornbaume, S. unten). Alle diese angezeigten Verbote — setzt der Li-ki hinzu — dienen, die Menge in Ordnung zu halten und ihre Uebertretung wird nicht verziehen. 8 Staatsverbrechen führt Tscheu-li B. 35 f. 12 auf. S. unten. Welche verwirrten Rechtsbegriffe später bei den Usurpationen in den einzelnen Reichen herrschten, davon gibt Tso-schi Tschaokung Ao 14, S. B. 25 S. 61 ein Beispiel: In Lu hatten drei Familien seit langer Zeit die Herrschaft faktisch usurpirt. Zu einer derselben gehörte Ki-ping-tsen. Im J. 530 fiel Nan-khuai mit der Stadt Pi von ihm ab, musste aber 528 nach Tsi flüchten. Der Fürst von Tsi nannte ihn einen Empörer. Er erwiderte: er habe nur das Haus des (rechtmässigen) Fürsten erweitern wollen; ein Grosser von Tsi aber erklärte: kein Verbrechen sei grösser, als wenn der Diener eines der Häuser das Haus des Fürsten erweitern wolle; in Tsi beschränkten nämlich die Grossen den Landesherrn ebenso. Vgl. auch Ao 32 S. 68.

Man sieht, wie ganz verschieden im alten China war, was man Verbrechen nannte, im Vergleiche mit Europa. Unter den 3000 Verbrechen, sagt Confucius und auch Meng-tseu und wiederholt daraus noch der Ming-sin-pao-kien 4, 14 und der Siao-hio 2, 1, 39, ist keins so gross als die Impietät, und ähnlich äussert sich schon der Schu-king im Cap. Kang-kao IV, 9. §. 15: Die welche Diebstähle begehen, Unordnungen erregen, die Gleissner, Betrüger, Mörder, die Andern Fallen stellen, um sich ihrer Güter zu bemächtigen und die ohne Furcht vor dem Tode, vor keinem Verbrechen zurückschrecken, sind gewiss zu verabscheuen (khou, jang, kien, knei, scha yne jin iū ho, min pu wei sse, wang fei tui), aber weit mehr die Impietät (pu hiao) und die Zwietracht in den Familien (pu' yen). Wenn ein Sohn seinem Vater nicht respektvoll gehorcht, verwundet er das Herz des Vaters, der seinen Sohn dann nicht liebt, sondern ihm gram wird. Wenn ein jüngerer Bruder nicht an des Himmels klare Bestimmung (hien) denkt und gegen seinen ältern Bruder nicht respektvoll ist, dann sorgt dieser auch nicht für ihn und liebt ihn nicht. Wenn wir die Regierenden nicht strenge diese Excesse bestrafen, so stören und verwirren wir die Gesetze, die unserm Volke vom Himmel vorgeschrieben sind u. s. w. Dass auch Raub, Diebstahl, Mord zu den

Verbrechen gerechnet wurden, versteht sich von selbst, aber wir sahen, wie die beiden ersten von Confucius nicht unter die grossen Missethaten (Ngo) gerechnet wurden, und wie die Tödtung eines Menschen nur ein geringes Verbrechen nach ihm war gegen andere, die bei uns nicht dafür gelten. Bemerkenswerth dagegen ist, dass der Chinese ein Recht des Aufstands gegen Tyrannen anerkennt. Nach Meng-tseu 1, 28 fragte Siuen-kung von Tsi ihn, ob nicht Tsching-tang (den letzten Hin-Kaiser) Kie verbannte und Wu-wang (den letzten Kaiser der 2. D.) Scheu tödtete. Meng-tseu erwiderte: So berichtet die Geschichte. Der Fürst sagte: Darf denn ein Unterthan seinen Fürsten tödten? Meng-tseu erwidert: Wer die Tugend verletzt, heisst ein Räuber, wer das Recht verletzt, heisst ein Tyrann; ein Räuber und ein Tyrann sind immer nur Privatleute. Ich habe gehört, dass Scheu als Privatmann getödtet wurde, ich habe aber nicht gehört, dass er als Fürst ermordet wurde. Dahin gehört auch Meng-tseu II, 4 (10) 9, wo Siuen-kung von Tsi ihn fragt, wie ein Premierminister zu verfahren habe? und er ihm antwortet, sei der aus königlichem Blute und der Fürst vergehe sich, so müsse er ihn tadeln, und höre er nicht darauf, ihn entthronen und einen andern an seine Stelle setzen; sei er aber aus einer anderen Familie, wenn der Fürst seinen Tadel nicht berücksichtige, seine Stelle niederlegen.

Man sieht schon aus Obigem, man vermisst bei den Chinesen alle bestimmten Definitionen der einzelnen Verbrechen, wie sie denn die Logik nie ausgebildet haben. Versuchen sie sich in etwas der Art, so ist es sehr kümmerlich.[1]) So bei Tso-schi, Wen-kung Ao 18 f. 24, S. B. 16 S. 475: Wer die Richtschnur (Tso) verlässt, ist ein Uebelthäter (Tse, auch Dieb); wer einen Uebelthäter verbirgt, ist ein Hehler (Tsang); wer Tauschwaaren entwendet, ist ein Dieb (Thau); ein Dieb von Geräthschaften (Ki) ist ein (?) Schmuggler (Kien), (wenn diese Uebersetzung richtig ist, da alle diese chinesischen Bezeichnungen immer sehr unbestimmt sind); Oberster der Hehler heissen, einem Schmuggler sein Vertrauen schenken, sind die grössten Untugenden und verdienen keine

---

1) So bei Meng-tseu 1, 3, 21; da fragt Einer ihn: Was ist der Lebensgeist (Khi): Meng-tseu erwiedert: das ist sehr schwer zu sagen: der Khi ist der Khi; er ist sehr gross, sehr mächtig u. s. w.

Nachsicht; bei den 9 Strafarten (Kieu hing) sind sie nicht vergessen.
Ebenso unbehülflich ist die Bestimmung Tso-schi's Tschao-kung Ao 7
f. 37 v., S. B. 21 S. 171: der Hehler (Dieb, Thao), der Geräthe verbirgt
hat mit dem (eigentlichen) Dieb (Thao) die gleiche Schuld.

Die Bestrafung der kleinen oder Polizei-Vergehen. Wie
schon oben S. 687 bemerkt, hatte jeder Beamte eine Disciplinar-Gewalt
über seine Untergebenen. Wie der Marktwart (See-schi) die kleinen Vergehen im Handel, wie den Betrug auf dem Markte, nach Tschen-li 14,
4 und 12 mit Schol. bestrafte, ist schon oben S. 718 erwähnt. Was
zunächst die Bestrafung der kleinen Polizeivergehen betrifft, so hatte
diese nach Tscheu-li 13, 35 (14, 9) der See-kieu. Bei einfachen Vergehen ertheilte er Verweise, bei schwereren arretirte er die Betreffenden
und hielt sie durch Verbote vom Verderben ab. Hatten Leute aus dem
Volke solche Unregelmässigkeiten und Uebelthaten (Siai und Ngo) begangen,
so erhielten sie dreimal einen Verweis (Jung) und eine leichte Strafe
oder die Bastonade, wie Biot Fa übersetzt. Waren sie dreimal so bereits
gestraft, so machte der Criminal-Richter (See) ihr Verbrechen (Strafe) bekannt, (Ming hing, d. i. stellte sie öffentlich aus; nach den Schol. nahm er
ihnen ihren Hut und Schmuck, schrieb ihr Vergehen auf eine Tafel und
befestigte dieses auf ihrem Rücken. Links von der Pforte des äussern
Audienzsaales war ein Stein mit Adorn, der schöne Stein (Kia-schi)
genannt; vgl. Tscheu-li B. 36 f. 19—21). Auf diesen mussten die Schuldigen, um zu erröthen, nach dem Tscheu-li sich setzen, und dann unter
dem Sse-kung oder Vorsteher der öffentlichen Arbeiten frohnden. Die
leichtere Vergehen (Kuo schi) begangen hatten, erhielten auch dreimal
einen Verweis und eine leichte Strafe (Fa); waren sie aber schon dreimal bestraft, so wurden sie in das Centralgefängniss (Yuen-tu)[1]) ge-

---

1) So hiess es nach den Schol. zu Li-ki, Cap. Yuei-ling 6 f. 81 unter der dritten D. Tschen;
unter der zweiten D. Yu hiess es: Yeu-li; unter der ersten D. Hia: Ling-yu; unter der
vierten D. Thsin: Yo. Im Kia-iü kommt noch der Ausdruck Pi für Gefängniss vor. Confucius, heisst es da, sperrte als er Criminalrichter (Ta-sse-keu) in Lu war, als ein Vater
seinen Sohn wegen Impietät bei ihm verklagte, beide zusammen in ein Gefängniss (Pi) ein,
liess sie drei Monate sitzen, ohne sie zu verhören und entliess sie dann, und er erklärte
sich über sein Verfahren ausführlich. (S. m. Leben des Confucius.) Hier ist noch von keiner
eigentl. Gefängnissstrafe die Rede. Eine Freilassung gegen Kaution kommt nicht vor. Auf
diese Untersuchungshaft wird Y-king Schi-ho 21, 3 f. 24, T. II p. 44 von einigen bezogen: Man habe

schickt und mussten da nach den Schol. den Tag über Zwangsarboiten verrichten. Nachts eingesperrt. Zu jeder Zeit, wo der Himmel ein Missgeschick oder Epidemie über das Volk ergehen liess, durcheilte der Ssekien die Hauptstadt, die Weichbilder (Kiao) und Felder (ye) mit einer Tafel (mit kaiserlichem Siegel) und ertheilte Gnade und Straferlass. Die Thätigkeit des Friedensrichters (Tiao-jin) bei Streitigkeiten unter dem Volke ist nach Tscheu-li 13, 36 fg. (11, 10 v.) schon oben S. 788 erwähnt.

Vom Centralgefängnisse[1]) handelt Tscheu-li B. 35 f. 5 fg. Der Tu-sse-ken vereinigt da die entarteten Menschen, thut die Uebelthäter hinein, legt ihnen Zwangsarbeiten auf und beschämt sie durch Publikation der Strafe (öffentliche Ausstellung). Die sich zu bessern vermögen, kehren in das Reich der Mitte (in ihren Bezirk) zurück; drei Jahre über werden sie dann nach ihrem Alter (unter der Bevölkerung) aber noch nicht mitgerechnet (pu tschi). (Später treten sie wieder ein); die sich aber nicht bessern lassen und aus dem Gefängnisse entweichen, lässt der Criminalrichter hinrichten. B. 37 f. 2 (36, 16 v.) spricht ausführlicher von den Gefängnissaufsehern (Sse-yuen). Sie haben die demoralisirten Menschen im Gefängniss festzuhalten und zu unterweisen; Alle die Schaden gethan haben, dürfen den gewöhnlichen Hut und Kopfputz nicht tragen. (Nach den Schol. wurde ihr Kopf mit einem schwarzen Zeuge bedeckt; das hiess die „figurative Strafe" (Hoa-siang)[2]). Die Ge-

---

die Gefangenen da in der Nahrung knapp gehalten, damit sie bereuten. Die Stelle ist aber dunkel. Die Worte sind: schi si ya yü tho. d. i. er heisst (ist) an der Sonne getrocknetes Fleisch und begegnet (hat) Elend sonst auch Gift). Siao-ling (es ist ein wenig sparsam), Pu-kieu. (aber es ist kein Ungemach). Es wurden nach Y-king 21, 1 p. 42 Fussfesseln angelegt (Li-kiao). Das folgende Mie techi, d. i. er vertilgt die Füsse oder Fusszehen, geht aber wohl auf das Abschneiden derselben, wie 21, 3, Mie pi, er schneidet die Nase ab.

1) Im Schu-king Cap. Schün-tien 1, 2. p. 18 wird schon Kuen gefangen gesetzt und nach dem Bambu-Buche setzt der letzte Kaiser der 2 D. Tihan Ao 28 Wu-wang in's Gefängniss. Doch dies war mehr eine politische Verhaftung des Gegners.

2) Nicht nach den Iliao-king. wie Biot II S. 366 sagt, sondern nach einem Commentar über denselben, fand diese Strafart nur unter den 5 alten Kaisern (U-di statt: die 3 Kaiser (San wang) (wohl nicht die 3 ersten Kaiser der D. Tscheu) führten dafür die Leibesstrafe (Yo-hing) ein. Nach jenem Systeme hatten die Verbrecher I. Classe den Kopf mit einem schwarzen Tuche bedeckt, trugen ein rothes (fleischfarbenes) Kleid und Schuhe von gemischter Farbe, die mittlere Classe nur das fleischfarbene Kleid und die Schuhe, die unterste Klasse nur die Schuhe.

fängniss-Aufseher stellten sie öffentlich aus, legten ihnen Zwangsarbeiten auf (Jin-tsohi), hielten sie so fest und unterwiesen sie. Hier heisst es nun, von denen, die sich bessern liessen, wurden die schwersten Verbrecher (Schang tsui) nach drei Jahren[1]), die mittleren nach 2 Jahren, die geringern Verbrecher nach 1 Jahre entlassen; die sich nicht besserten und ausbrachen wurden mit dem Tode gestraft. Die Freigelassenen wurden 3 Jahre nicht nach ihrem Alter unter der Bevölkerung mitaufgeführt. Die im Centralgefängnisse Festgehaltenen wurden an ihren Gliedern nicht verletzt (Pu kuai thi, d. h. wohl nicht verstümmelt an Nase und Füssen, nach Andern aber ihr Kopf nicht rasirt); die zu einer geringeren Strafe verurtheilt waren (Fa jin) und in's Centralgefängniss gesetzt wurden, an ihrem Vermögen nicht verkürzt. Die Kerkerknechte (Tschang-tsien) hatten nach B. 37 f. 4 (36 f. 11 v.) die Diebe und Räuber zu bewachen. Die grösseren Verbrecher trugen das Halsholz, (Ko, wie Ochsen, daher der Charakter), Handhölzer (Kung) und Fusshölzer (Tschi), die mittleren Verbrecher nur Fuss- und Halshölzer, die geringeren bloss Halshölzer; die Glieder aus der kaiserlichen Familie nur Handhölzer (Handfesseln). Dies diente, die Verbrecher zu demüthigen. Wenn Individuen ohne Erlaubniss (Pass) ihren Wohnsitz veränderten, sperrte nach B. 11 f. 36 (12, 16) der Vorsteher der Gruppe über 5 Familien (Pi-tschang) sie auch im Centralgefängnisse ein. Eine gewisse Humanität zeigt, dass nach Li-ki Cap. Yuei-ling 6 f. 51 der Kaiser im 2. Frühlingsmonate dem Gefängniss-Aufscher (Ling-wa) befahl, die Gefängnisse zu inspiziren, Hand- und Fuss-Fesseln zu lösen, aber die Räuber nicht loszulassen, auch die Prozesse zu sistiren und im 2. Sommermonate nach f. 64 v. die schweren Gefangenen loszulassen und ihre Nahrung zu vermehren; auch im Herbste wurde nach f. 72 v. (p. 29) und 89 v. an besondere Erleichterungen der Gefangenen gedacht. Am Ende des Jahres heisst der Siao-sse-keu die Justizbeamten die Gefangenen zählen und die unentschiedenen Sachen aburtheilen nach Tschen-li B. 35 f. 31.

Die 5 Hauptstrafen (U hing) werden schon im Schu-king wiederholt erwähnt[2]) und sie gehen offenbar über die Zeit Yao's hinaus; speziell

---

[1] Dies wird schon im Y-king erwähnt Cap. Kan 29, 6, T. 2 p. 116.
[2] Z. B. Cap Ta-yü-mo I, 3, 8. Tso-schi, Wen-kung Ao 18 f. 24, S. B. 15 p. 478 ist von ?
Abh. d. I. Cl. d. k. Ak. d. Wiss. X. Bd. III. Abth.

erwähnt sie das Cap. Liü-hing IV, 27. Der Ausdruck Hing „Strafe" ist zusammengesetzt aus Cl. 18 „Messer" und aus einer Gruppe Kien, eben, gleich, etwa glatt wegschneiden; dann heisst es auch ein (Straf-) Gesetz. Die 1. Strafe me ist eigentlich nicht brandmarken, sondern auf der Stirne mit schwarzen Strichen bezeichnen. Der Charakter ist zusammengesetzt aus Cl. 32 „Erde" und Cl. 203 „schwarz"; im Schu-king Cap. Tai-kia III, 4 wird sie erwähnt. Es gab später besondere Schargen dafür, Khing-thu, Diener zum Schwärzen. See-ki B. 79 f. 13, S. B. 30 p. 247. Die 2. Strafe J ist die Nase abschneiden. Der Charakter ist deutlich zusammengesetzt aus Cl. 18 „Messer" und Cl. 209 „die Nase" [1]. Schu-king III, 72 s. E. IV. 27 p. 293 und 297. Die 3. Strafe Fei ist die Füsse abschneiden; der Charakter zeigt nur Cl. 18 „das Messer" und Cl. 175 Fei „nicht" oder „weg". Vgl. Y-king 21, 2, T. 2 p. 43; 38, 3 T. 2 p. 183 fg. und 47, 5 T. 2, p. 261. Hier und auch Schu-king IV, 27 und Tschen-li B. 36 f. 80 (1) heisst es Yue, von Cl. 18 Messer und Cl. 74 Halbmond, yue, vielleicht mond- oder sichelförmig (die Füsse) abschneiden. Die 4. Strafe (Kung) ist Castriren; die so Bestraften wurden als Pallastwächter oder Eunuchen verwandt. Der Charakter oben mit Cl. 40 bezeichnet nur den Pallast. Biot übersetzt es daher „die Pallast-Strafe", Khang-hi's Tseu-tien erklärt es aber Fu-hing, Castration. Die 5. Strafe (Ta pi), die grosse Strafe, bezeichnet die Todesstrafe [2]; gewöhnlich sagt man scha tödten, auch lo und tschu. Wie sie vollzogen wurde, ist nicht ersichtlich, später durch Enthaupten (King). Der Li-ki im Cap. Wen-wang schi-tseu 8 f. 40 unterscheidet Ta-pi bei Todesverbrechen (See tsui) und Siao (kleine) pi, für die strafbaren Verbrechen (Hing-tsui).

Strafen (Kien hing) die Rede. Tschao-kung Ao G f. 85, S. B. 21 p. 166 spricht von dem Buche der 9 Strafen der Tschou. Sie werden aber nicht einzeln angeführt.

1) Nach See-ki B. 82, S. B. 28 S. 67 lässt der Feldherr von Yen (278 v. Chr.) allen Gefangenen aus Tsi die Nase abschneiden.

2) Jetzt sind die Verstümmelungen in China abgeschafft; die gewöhnlichen Strafen sind jetzt: 1) Hiebe mit dem kleinen Bambu (Tschhe); 2) Hiebe mit dem dicken Bambu (Tschhang); 3) Verbannung auf eine bestimmte Zeit und 500 Li weit (Tsu); 4) Verbannung auf immer und auf wenigstens 2000 Li (lieu), und 5) Tod (Sse) durch Erdrosseln oder Enthaupten. S. Ta-Tsing Liü li I, 1.

Andere Strafen, die noch vorkommen, sind: das Ohrenabschneiden (eúl), schon im Schu-king Cap. Kang-kao IV, 9 p. 196 und Liü-hing IV, 27 p. 293 bei den Miao, auch im Y-king, 21, 6 T. II p. 48 Mie eul[1]); dann erwähnt das Handabhauen (tuan schen) unter der 2. D. einmal Han-feitseu im J-sse 95, 2 f. 14 v. Als eine militärische Strafe kommt bei Tso-schi Hi-kung Ao 27, S. B. 14 p. 490 das Auspeitschen und Durchbohren der Ohren mit einem Pfeile vor.

Unter einzelnen tyrannischen Fürsten kommen nun noch besonders grausame Strafen vor; so soll der letzte Kaiser der 2. D., Ti-sin, nach dem Bambu-Buche und nach Sse-ki B. 3 z. E. die Strafe eingeführt haben, wonach der Verurtheilte eine glühende Säule umarmen musste; er zog aber durch diese seine Grausamkeiten den Sturz seiner Dynastie herbei. Nach Tso-schi Siuen-kung Ao 11 f. 9, S. B. 17 S. 29 liess der Fürst von Tschu 598 den Mörder des Fürsten von Tsching durch Wagen (an welche er gespannt wurde) zerreissen oder viertheilen (Huan). Ebenso liess nach Sse-ki B. 68 f. 10 v., S. B. 29 S. 114 der Nachfolger Hiao-kung's von Thsin, Hoei-kung den früheren Minister, den Fürsten von Schang, nachdem er ihn gestürzt, und er im Kampfe gefallen war, (doch nur seine Leiche) durch Wagen zerreissen und die Stücke im Lande umherführen, und dabei die warnenden Worte verkünden „Möge Niemand so handeln wie Yang von Schang." Sein ganzes Haus wurde ausgerottet. Im Tscheu-li 37 f. 30 (1) wird der Kutscher des Kaisers, (Po) der seinen Eid verletzt, bedroht, von Wagen zerrissen zu werden. Nach Sse-ki B. 83 f. 40, S. B. 31, S. 124 lässt der letzte Kaiser der zweiten D. Tscheu den Fürsten von Khieu, der ihm seine Tochter geschenkt hatte, da er sie für bös hielt, einsalzen (hai nicht sieden) und als der Fürst von Ngo mit ihm darüber stritt, dessen Fleisch trocknen (fu). Noch kommt als Strafe vor, gesotten (pheng) zu werden. Im Sse-ki D. 32 f. 4 v., S. B. 40 S. 652 heisst es: der Fürst von Tsi, Ngai-kung,

---

[1] Kriegsgefangenen wurde in Lu das (linke) Ohr abgeschnitten, Schi-king IV, 2, 3 p. 208 und Tsoschi Tsching-kung Ao 3, S. B. 17 S. 277 (Ao 684). Man bestrich auch die Trommel mit ihrem Blute. Tso-schi ib. und Hi-kung Ao 30, S. B. 14 S. 515 (Ao 627). Tschao-kung Ao 5, S. B. 21 p. 163 Ao 537 in Tschu.

vom Fürsten J-kung von Ki beim Kaiser verläumdet, wurde von diesem gesotten. Nach Tso-schi, Ngai-kung Ao 16 f. 33, S. B. 27 S. 158 fg. will in Tschu der Gefangene Tschi-kho Ao 479 nicht sagen, wo der aufständische Fürst von Pe umgekommen, und wie er gestorben ist, und wird bedroht, gesotten zu werden, der erwiedert aber sehr gleichmüthig: „wäre diese Sache (der Aufstand) gelungen, so wäre ich Reichsminister; da sie nicht gelungen, werde ich gesotten! Es ist jedenfalls mein Loos; was kann es schaden?" Hierauf sott man ihn. Wie es scheint, wurde Einer dabei in einen Kessel mit siedendem Wasser gestürzt. Im Sse-ki B. 81 f. 3 v., S. B. 28 S. 73 sagt Siang-iü: Ich weiss, dass den grossen König (von Thsin) betrügen, ein todeswürdiges Verbrechen ist; ich bitte, mich zum Kessel voll siedenden Wassers begeben zu dürfen. Vgl. auch Sse-ki B. 79 f. 12, S. B. 30 S. 246. Es ist hier nicht deutlich, ob dies gesetzlich bestimmte Strafen waren, oder nur einzelne tyrannische.

Statt dieser Körperstrafen kommen in gewissen Fällen schon früh die Verbannung, Hiebe und der Loskauf vor. Im Schu-king Cap. Schûn-tien I, 2, §. 11 heisst es vom alten Kaiser Schûn (2255—2206): Er bestimmte Verbannung (für die Fälle), wo man sich der Strafen entschlagen konnte. Die Peitsche bestimmte er zur Strafe für die Beamten (Kuan hing), den Stock zur Strafe für die Schulen (Kiao hing).[1] Nach Cap. Yü-kung II, 1 p. 56 waren im Yao-fu 200 Li für die Verurtheilten Tsai und weiterhin im Hoang-fu 200 Li für die Verbannten (Lieu), ausserhalb der Gränzen des Reiches bestimmt. Mit der Erweiterung des Reiches und dem Anbaue und der Vertheilung unter mehrere Fürsten musste solche Verbannung wohl aufhören. Später im Tscheu-li B. 36 f. 34 fg. erscheint die Verbannung (Lieu) als eine Art Nachsicht (Yeu) für Vergehen aus Unwissenheit, Nachlässigkeit oder Vergesslichkeit und überhaupt für unfreiwillige Vergehen. Siñ-ku bittet im J. 266 Fan-hoei in Thsin nach Sse-ki B. 79 f. 12, S. B. 20 p. 247 sich verbergen zu dürfen im Lande der (Barbaren) Hu. Der Friedensrichter (Tiao-jin) verbannte nach Tscheu-li B. 13 f. 37 fg. Angehörige, die sich nicht vertrugen

---

1) Nach Tscheu-li 37, 30 (1) wird der Ta-fu und der Truppenanführer, der einen falschen Bericht eidlich bestätigt, mit 500 Peitschenhieben bedroht. Nach Tscheu-li B. 14 f. 12 diente die Peitsche zur Aufrechterhaltung der Ordnung auf dem Markte. S. oben S. 720.

konnten, jenseits des Meeres, bis 1000 Li, und ausserhalb des Reiches, s. oben S. 738. Eigen ist, dass Thsin Hiao-kung (seit 361), nach Sse-ki B. 68 f. 4, S. B. 29 S. 103 fg. über die Grenze verbannt, die, welche seine neuen Gesetze erst geniessbilligt hatten — als sie sie später billigten! Für gewisse Fälle konnte man sich mit Metall (Kin) loskaufen. Sonderbarer Weise fand der Loskauf aber statt in zweifelhaften Fällen. Das Cap. des Schu-king Liü-hing IV, 27 §. 17 sagt: Ist die Anwendung der Strafe der Schwärzung zweifelhaft, so spricht man den Angeklagten frei und legt ihm die geringste Strafe von 100 Hoan (à 6 Taels, zu 2 Thaler) auf, prüft aber wohl, ob das Verbrechen auch wirklich begangen ist. (Dieser Satz wird immer wiederholt.) Ist die (Anwendung der Strafe des Abschneidens der Nase) zweifelhaft, so verzeiht man; die Busse (Fa) sei die doppelte (200 Hoan). Ist (die Anwendung der Strafe des) Fussabschneidens zweifelhaft, so verzeiht man; die Busse sei 2½ mal so viel (500 Hoan). Ist (die Anwendung der Strafe der) Castration zweifelhaft, so verzeiht man; die Busse sei 600 Hoan. Ist die Anwendung der Todesstrafe zweifelhaft, so verzeiht man; die Busse sei 1000 Hoan. Im Ganzen rechnet Mu-wang da, dass zur ersten Strafart und deren Loskauf 1000 Arten, ebensoviele zur zweiten, 500 zur dritten, 300 zur vierten und 200 zur fünften Strafart gehören, so dass im Ganzen also 3000 Verbrechen bestraft wurden. Abweichend davon ist die Angabe im Tscheu-li B. 36 f. 30 (f. 1 fg.) über das Verhältniss in der Anwendung dieser 5 Strafen. Der Sse-hing, heisst es da, proportionirte sie nach den Verbrechen: 500 Verbrechen wurden mit Schwärzung im Gesicht, 500 mit Abschneiden der Nase, 500 mit Pallastdienst oder Castration, 500 mit Abschneiden der Füsse und 500 mit der Todesstrafe bestraft. Wenn der Justiz-Minister über eine Gefangenschaft oder einen Prozess entscheidet, giebt jener ihm die Strafe an, die nach den Reglements oder den Strafgesetzen auf dem Verbrechen stand, und unterschied die leichtern und schwerern. (Hier werden also 2500 Verbrechen und Strafen gerechnet.) Unter der 1. D. Hia wurden nach den Schol. 200 Verbrechen mit dem Tode, 300 mit Abschneiden der Füsse, 500 mit Einsperren im Pallaste und 1000 mit Abschneiden der Nase oder Zeichnen im Gesichte bestraft. Welche Fälle dies waren, wissen wir nicht. Man sieht, im Ganzen waren die Strafen aber grausam.

Die Ausdehnung der (Todes-) Strafe auf die Angehörigen (die 3 Seitenlinien nach Sse-ki B. 79, S. B. 30 S. 252) wurde 745 in Thsin nach dem Bambu-Buche 2 f. 16 v. unter Tschen Ping-wang Ao 25 eingeführt.[1]) Sie wird übrigens im Schu-king Cap. Tai-schi IV. 1, 1 p. 150 schon dem letzten Kaiser der 2. D. vorgeworfen. Es war ganz gegen Wen-wang's Maxime; diese lautete nach Meng-tseu I, 2, 5 (23): Tsui jin, eul pu nu, d. h. der schuldige Mann (werde bestraft) und nicht seine Angehörigen. Der Schu-king Cap. Kang-kao IV, 9 spricht dies aus, welche Stelle Tso-tschi Hi-kung Ao 33, S. B. 14 S. 517 citirt und eben diesen Grundsatz spricht schon Kao-yao unter Schün aus im Schu-king Cap. Ta-yü-mo I, 3 p. 26. Später kommt sie indess öfter vor; so tödtet der König von Tschu Khing-fung, den Mörder des Königs von Tsi, und rottet seinen Clan aus (Mie khi tso) nach Sse-ki B. 40 f. 12, S. B. 44 S. 91; ebenso Jo-ngao im J. 605, ib. f. 10, S. 85. Als Ling-wang von Tschu 529 auf der Flucht war, erliess der neue König eine Verordnung (hia fa): wer es wagt, dem flüchtigen Könige Nahrung zu reichen, wird ausgerottet und die Strafe erstreckt sich auf seine 3 Clane. (Tsni ke san tso), ib. f. 14 v., S. B. S. 96.

Auf welchen einzelnen Verbrechen die verschiedenen Strafen standen, darüber haben wir nur wenige Nachrichten. Von Kaiser Schün heisst es im Schu-king Cap. Schün-tien 1, 2 p. 16: „Er verbannte Kungkung nach Yeu-tscheu (in Leao-tung); Huan-teu musste sich zurückziehen auf den Berg Tsung-schan (Yo-tscheu-fu in Hu-kuang); San-miao wurde nach San-wei (angeblich Scha-tscheu) verwiesen; Küen gefangen gesetzt auf den Berg Yü-schan (in Hoai-ngan-fu in Kiang-nan). Nachdem diese 4 Verbrechen bestraft worden waren, hatte das Reich Friede." Die Verbrechen derselben sind aber nicht weiter spezifizirt. Eigen ist die schwere Bestrafung der Verwirrung der Zeiten durch die Astronomen Hi und Ho im Schu-king Cap. Yn-tsching II, 4, 3, gegen welche ein Heer geschickt wird; sie müssen Vasallen gewesen sein, die als Aufrührer betrachtet wurden. Als ein Beispiel der Bestrafung aufständischer Vasal-

---

[1]) Auch nach Ma-tuan-lin D 162 f 26 begann Thsin Wen-kung Ao 20 (745) die Strafe der 3 Grade der Verwandtschaft (Schi san tso tsui) und er citirt dann Beispiele aus der Zeit Wu-kung's Ao 3 (694) und Hian-kung's (361).

len-fürsten kommt unter Tsching-wang die seiner Oheime Kuan und
Tsai vor. Jener wird bekriegt und getödtet, dieser mit 7 Wagen und
70 Fusssoldaten in die Verbannung geschickt; sein Sohn erhält aber
später, da er sich gut beträgt, dessen Reich wieder. S. Schu-king Cap.
Tsai-tschung IV, 17 und Tso-schi Tschao-kung Ao 4 f. 7 v.,
S. U. 27 p. 123. Der Tscheu-li B. 19 f. 6—9 spricht ausführlich von der
Bestrafung aufrührerischer Vasallenfürsten. Man verfuhr nach dem See-
ma-fa bei Amiot Mém. T. 3 p. 235—43 gegen sie sehr glimpflich. Wir
haben das Nähere in unserer Abhandlung „Ueber die Verfassung und
Verwaltung des chinesischen Reichs" S. 63 (513) angegeben. Einige
andere unabsichtliche Verbrechen, die nach Tscheu-li B. 13 f. 38 (14,
11) mit Verbannung vom Tiao-jin bestraft wurden, sind schon oben
S. 738 erwähnt. Nach Schu-king Cap. Y-hiün III, 4, 7 S. 94 bestimmte
Kaiser Tai-kia von der 2. D. (1753—21) die Strafen der Beamten (Tschi
kuan hing). Es sind, die sich unterstehen beständig im Pallaste zu
tanzen, sich zu betrinken und zu singen im Hause — von diesen sagt
man, sie haben die Weise der Zauberer (Wu); die sich unterstehen,
Reichthümern und hübschen Gesichtern nachzulaufen, die beständig
herumschweifen und sich zerstreuen — von diesen sagt man, sie haben
verdorbene Sitten; die sich unterstehen, die Worte der Heiligen
(Sching) zu verachten, die entgegentreten der Rechtschaffenheit und Ge-
radheit (ni tschung tschi), die Alte und Tugendhafte entfernen und
Junge ohne Ehre anstellen — von diesen heisst es, sie verwirren die
Sitten. Wer von diesen 3 Weisen (San fung) und diesen 10 Fehlern
(Schi khien) einen an seiner Person (sich) hat, dessen Haus wird,
wenn er Minister (Khing) und Richter (See) ist, sicher zu Grunde gehen;
hat ein Lehenfürst (Pang-kiün) einen derselben an sich, so wird sein
Reich sicher zu Grunde gehen; wenn der Beamte unter ihm (Tschin
hia) ihn (Schol. seinen Fürsten) nicht bessert, so ist seine Strafe die
Schwärzung (khi hing me). Man unterweise daher die Richterschaar.
Man sieht hier die Unbestimmtheit der Chinesen in den Bestimmungen
von Vergehen und Verbrechen, welche in der Hand von Despoten die
grausamen Bestrafungen ins Leben treten liess. Als Kaiser Pan-keng
von der 2. D. (1401—1374) seine Residenz nach Yn verlegen will und
das Volk damit nicht zufrieden ist, droht er im gleichnamigen Capitel

des Schu-king III, 7, 2 §. 15 z. E.: Wenn es verdorbene Menschen gäbe, die nicht folgten, Alles umstürzten, Ausschweifende, Diebe, so werde er ihnen die Nase abschneiden lassen, sie tödten (und ihr Geschlecht) vernichten. Dies sind freilich wohl nur allgemeine Drohungen; so auch im Cap. Tsieu-kao, der Ermahnung gegen das Weintrinken IV, 10 §. 14 und fg.: denen, die sich zusammen thäten, um zu zechen, solle nicht verziehen werden, die Schuldigen vielmehr gebunden an den Hof (nach Tscheu) geführt und bestraft werden. (Scha heisst eigentlich „tödten", die Ausleger wollen es aber milder deuten); doch sollen die alten Beamten der 2. D. Yn, welche diese üble Gewohnheit einmal angenommen, nicht so bestraft, sondern nur zurechtgewiesen werden.

Die Bestrafung des Meineides war nach Tscheu-li B. 37 f. 30 (1) verschieden nach dem Gegenstande, den der Eid betraf. Wenn ein Eid abgelegt wurde, heisst es, liefen die Tiao-lang-schi mit einer Peitsche denen, die den Eid leisteten, voraus und verkündigten ihnen die Strafe, die jeden bedrohte: „Diener oder Wagengenossen und (die Krieger) zur Rechten des Wagens (nach den Schol. des Befehlshabers, wenn die Armee im Felde steht) trifft die Todesstrafe; leistet der Kutscher den Eid, so sagen sie: (der Uebertreter) wird durch Wagen zerrissen (geviertheilt); Ta-fu's und Truppenchefs, die sich unterstehen, falsche Berichte zu machen, erhalten jeder 500 Peitschenhiebe; der Grossannalist (Ta-sse) wird (in diesem Falle) mit dem Tode bestraft; der kleine Annalist (Siao-sse) wird im Gesichte gezeichnet.[1]) Die Herausgeber finden aber die Strafe zu hart und meinen es sei dies ein späterer Zusatz von Lieu-hin. Nach den Schol. zum Schuking Cap. Liü-hing IV, 27, welchen der Schol. zum Tscheu-li B. 36 f. 30 (1) T. II p. 354 citirt, wurden (ob unter der D. Tscheu?) Einem die Füsse abgeschnitten, wenn er über Brücken, Barrièren und in Ringmauern der Städte mit Gewalt eindrang oder kleine Diebstähle begangen

---

1) Wir bemerken, dass Beide den Kaiser im Felde begleiteten und jener hatte nach Tscheuli B 26 f. 8 über die Himmelszeichen zu berichten, d. h. über glückliche oder unglückliche Vorbedeutungen. S. Kue-iü P. 1. So befragt bei Tso-schi Ngai-kung Ao 6, S. B. 27 S. 145 der König von Tschu den Ta-sse der Tscheu über die Bedeutung von rothen Wolken um die Sonne; er sagt, es betreffe die Person des Königs, durch Opfer könne indess das drohende Unglück auf den Vorstand der Regierung und den Ta-Sse-ma übertragen werden; das will indess der König nicht.

hatte. Männer und Frauen, die einen unerlaubten Umgang unterhielten, traf die Pallaststrafe (oder Entmannung). Wer einen Befehl des Fürsten, das gesetzliche Maus der Waffen, Waaren und Kleider änderte, sich Unterschleife erlaubte oder Gefährliches unternahm, dem wurde die Nase abgeschnitten. Vorfuhr Einer ohne Autorisation, ging gegen die Regel (ohne Erlaubniss) in den Pallast oder aus dem Pallast und sprach Worte von böser Vorbedeutung aus, so traf ihn die Strafe der Schwärzung.[1] Räuber, Diebe und die Anderer Felder sich aneigneten, traf die Todesstrafe. Meng-tseu II, 4 (10) 4 p. 134 citirt Schu-king Cap. Kang-kao IV, 9, 1: Wer einen Menschen tödtet und beraubt, fürchtet den Tod nicht; alle Welt muss ihn verabscheuen und er hingerichtet werden, ohne abzuwarten, ihn zu belehren. Die D. Yn erhielt dies Gesetz von der D. Hia, die D. Tscheu von der D. Yn.[2]

Die Todesstrafe wurde vielfach verhängt; so nach Tscheu-li 37 f. 3 über die, welche sich nicht besserten und aus dem Centralgefängnisse ausbrachen. Bei der Armee bestrafte der Sse-schi nach B. 35 f. 50 schon mit dem Tode alle Soldaten, die ihren Vorgesetzten sich widersetzten und die Militärgebote übertraten.[3] Auf dem unerlaubten Verkehr eines Statthalters mit den Fürsten der übrigen Reiche stand in Thsin (255 v. Chr.) der Tod nach Sse-ki B. 79 f. 16, S. B. 30 S. 252 und die Minister waren nach demselben verantwortlich für das, was die von ihnen Angestellten verbrachen. Auch Aufständische wurden sehr strenge bestraft. U-khi hatte in Tschu als Minister (Siang) die ent-

---

1) Nach Tscheu-li B. 36 f. 40 lässt der Sse-yo denen, welche die Verträge brachen, das Gesicht schwärzen.
2) Wen-kung von Tschu verordnete, den Hehler, der den Räuber verbirgt, trifft mit dem Räuber gleiche Strafe nach Tso-schi Tscheu-kung Ao 7 f. 37 v, 3. B. 21 S 171, was schon oben S 680 erwähnt ist.
3) Nach Sse-ki B. 81, S. B. 28 S. 78 erliess Tschao-sche, der Feldherr von Tschao, 270 einen Befehl: wer eine Vorstellung macht in Angelegenheiten des Heeres, stirbt, und liess Einen, der die Worte sprach: „wir müssen Wu-ngan schleunig zu Hülfe eilen", sofort enthaupten, doch wagte ein Anderer trotzdem später mit Erfolg eine Vorstellung. Nach Tso-schi Siang-kung Ao 3, 8 B. 10 S. 119 strafte Wei-kiang 570 als Yang-yü, der Bruder des Fürsten von Tsin, die Reihen (der Streitwagen) verwirrte, dessen Diener mit Enthauptung S. unten. Der Fürst von Tsin erzürnt, wollte ihn tödten, der Feldherr sich ins Schwert stürzen, aber 2 Grosse hielten ihn zurück und der Fürst liess sich belehren, dass in Sachen des Heeres der Gehorsam nothwendig sei. Vgl. auch Meng-tseu T. I, 4, 4 p. 54.

fernten Seitenhäuser der fürstlichen Linien abgesetzt. Nach Tao-kung's Tode 381 empörten sich diese, überfielen U-khi, er warf sich auf die Leiche des Königs, sie erschossen ihn und trafen auch die Leiche des Königs. Dessen Sohu und Nachfolger Su liess nun durch den Ling-yn (Reichsverweser) mehr als 70 Häuser, die des genannten Verbrechens wegen verurtheilt wurden, nach Sse-ki B. 65 f. 8, S. B. 30 S. 273 ausrotten. Ebenso liess Wen-kung von Tsi nach Sso-ki B. 32 f. 5, S. B. 40 S. 653 70 Menschen, die seinen Vater, den Fürsten Li, getödtet hatten, hinrichten.[1]

Die Willkühr, mit welcher Todesurtheile zur Zeit des Tschün-thsieu verhängt wurden, zeigt[2] die Geschichte. Hier einige Beispiele. Thsuitschü in Tsi tödtete 548 den Fürsten Tschuang von Tsi, der mit seiner Frau Umgang gehabt hatte und erhob dessen jüngern Bruder King auf den Thron. Die Strafe fürchtend, verfasste er und der Minister Khingfung eine Urkunde, welche sie von den angesehensten Männern des Reichs im Ahnentempel des grossen Fürsten von Tscheu beschwören liessen, worin sie ihre Uebereinstimmung mit ihnen kund gaben. Nur Yen-tseu blickte zum Himmel auf, seufzte und sprach: der Schang-ti (Gott) strafe mich, wenn ich nicht mit denen allein übereinstimme, welche ihrem Landesherrn treu sind und den Landesgöttern Nutzen bringen und kostete dann das Opferblut. Der grosse Geschichtsschreiber (Tai-sse) schrieb

---

1) Ein Beispiel seltener Grossherzigkeit gab dagegen Huan-kung von Tsi, der Kuan-tschung, welcher im Partheikampfe gegen ihn gestanden und ihn selbst verwundet hatte, statt ihn zu tödten, wegen seiner Talente sich von La ausliefern liess und ihn dann zu seinem Minister machte. Sie lohnte sich, indem der Fürst durch ihn sich bald bis zum Gewaltherrscher (Pa) erhob; s. Sse-ki B. 32 f. 8 v., S. B. 40, S. 650 und m. Abh. über die Verfassung und Verwaltung China's S. 97 (647)

Bei den Partheikämpfen der verschiedenen Thronprätendenten wurden oft Unschuldige hingerichtet; so verlangte Hoai-kung von Thsin von Ku-tho, dessen Söhne seinem Bruder, dem Prinzen Tschung-ni nach Thsin gefolgt waren, 637 dass sie zurückkämen; da der Vater aber meinte, die Treue sei das Erste, wurde er getödtet. Indem empörte diese Grausamkeit nach Tso-schi Hi-kung Ao 22 f. 22, S. B. 14 S. 461 alle.

2) Bei Tso-schi Siang-kung Ao 26, S. B. 18 S. 175 heisst es: Jetzt (547 v. Chr.) ist Tschu ausschweifend im Strafen, die Grossen des Reichs entfliehen nach allen 4 Weltgegenden hin dem Tode und sind dann die Seele der Berathungen, wo es gilt, dem Reiche Tschu zu schaden und Ling-wang von Tschu gesteht nach Sse-ki B. 40 f. 14, S. B. 44 S. 95 auf der Flucht (529): „ich habe viele Menschen getödtet."

(wahrheitsgemäss) nieder: „Thsui-tschü tödtete seinen Landesherrn." Dieser liess ihn dafür hinrichten. Die beiden Brüder (des Geschichtsschreibers, die ihm im Amte folgten) schrieben es noch einander wieder hin und wurden ebenfalls hingerichtet. (Nicht abgeschreckt dadurch) schrieb der jüngste Bruder es nochmals hin, diesen verschonte er. Der Geschichtsschreiber des Südens (Nan-sse) hatte gehört, dass die grossen Geschichtsschreiber insgesammt hingerichtet seien, ergriff seine Geschichtstafel und begab sich auf den Weg (um das Geschehene niederzuschreiben); als er indessen hörte, dass es bereits geschehen war, kehrte er zurück. Tsoschi Siang-kung hia Ao 25, f. 5 v., S. B. 18 p. 165 und Sse-ki B. 32 f. 19, S. B. 40 S. 681 fg.

Wie der Bruder gegen die an einen fremden Fürsten verheirathete Schwester Justia übt, davon gibt der Sse-ki B. 32 f. 10, S. B. 40 S. 662 ein Beispiel. Ngai-kiang, die Schwester des Fürsten Huan-kung von Tsi, war mit Tschuang-kung von Lu verheirathet. Sie trieb Unzucht mit dem Fürstensohne von Lu Khing-fu. Nach Tschuang-kung's Tode 660 tödtete dieser ihren Sohn, den minderjährigen Fürsten Min von Lu, worauf sie ihrem Buhlen die Nachfolge in Lu zu verschaffen suchte. Die Machthaber von Lu bewirkten aber die Einsetzung des Fürsten Hi. Nach diesen Vorgängen beschied Huan-kung sogleich seine Schwester nach Tsi und liess sie daselbst 659 tödten.

Als eine eigenthümliche Härte erscheint das Strafgesetz der 2. D. Yn, dass nach Han-fei-tseu im J-sse 95, 2 f. 14 v. u. Sse-ki 87 f. 15 v., S. B. 31 p. 338, dem die Hand abgehauen werden sollte, der heisse Asche (Hoei) auf die Strasse warf. Confucius Schüler Tseu-kung fand die Strafe doch zu hart und befragte desshalb seinen Meister. Dieser suchte sie aber angeblich zu rechtfertigen, man habe das leicht thun und lassen können und die schwere Strafe solle daher von einem Vergehen abschrecken (welches bei der leichten Bauart der chinesischen Städte allerdings sehr gefährlich werden konnte.) Man wird nach diesem nicht irren, wenn man die Strafen der alten Chinesen für grausam und nach unsern Begriffen oft für willkürlich hält. Nach Tso-schi Tschaokung Ao 3 f. 17 v., S. B. 20 S. 539 und 542 war in Tsi Ao 540 das Abschneiden der Füsse so häufig, dass eine besondere Art Schuhe (Yung, eigentlich hüpfen) zum Gebrauche solcher Personen eingeführt war und

Ngan-tseu sagt zu King-kung: „Auf den Märkten des Reichs sind die gewöhnlichen Schuhe wohlfeil, die Schuhe für Menschen ohne Füsse theuer" (weil er so viele Strafen verhängte). Auf seine Vorstellung verminderte der Fürst dann die Strafen. Man wüthete aber förmlich bei einem Vatermorde. Der Li-ki im Cap. Tan-kung hia[1] 4 f. 87 sagt: In Tschû war zur Zeit Ting-kung's Einer, der seinen Vater getödtet hatte. Der Beamte (Yeu-sse) meldete es dem Fürsten. Bestürzt verliess dieser seine Matte (die alten Chinesen sassen auf der Erde) und sagte, das ist meiner Wenigkeit Schuld; wenn meiner Wenigkeit es gelernt hätte, so würden solche Prozesse nicht vorkommen (abgeschnitten werden). Tödtet ein Unterthan seinen Fürsten, so müssen alle Beamten ohne Gnade hingerichtet werden; tödtet ein Sohn seinen Vater, so müssen alle im Hause ohne Gnade hingerichtet werden. Man tödtet seine Leute, zerstört sein Haus, macht aus seinem Hause einen Morast für Schweine; der Fürst fastet einen Monat und erst dann befördert er wieder zu Aemtern und Würden (Tsio).

Wenn Einer die Felder, Distrikte und Städte bestahl oder Einem seine Dienstboten abwendig machte und er beschädigte oder tödtete den, so war dies nach Tscheu-li 36, 26 (35, 33) kein strafbares Verbrechen.[2]) Noch auffallender ist das Folgende: dass wenn Einer sich an einem Feinde rächen will und ihn tödtet, dies ebenfalls kein strafbares Verbrechen ist, wenn er zuvor es nur dem Richter (Sse) geschrieben hat. (Der Schol. versteht das so; wenn der Justizbeamte sich der Sache nicht annimmt und die Schuldigen nicht straft.) Aus Meng-tseu II, 13, 7 und sonst erhellt aber, dass die Blutrache den Chinesen nicht fremd war. Die Feindesliebe war den Chinesen unbekannt. Die Selbstrache, namentlich um den Tod der Aeltern zu rächen[3]), kommt auch sonst vor; s. Li-ki Cap. Tan-kung 3 f. 23 und Kia-iü Cap. 43; vgl. Amiot Mém. T. 12 p. 362, Li-ki Cap. Kio-li 1 f. 37 und als Ausspruch Tseng-tseu's mit einigen Abweichungen im Ta-tai Li-ki im J-sse B. 95, 1, f. 31

---

1) Cibot Mém. T. 4 p. 14 ist ungenau.
2) Fälle, wo bei erlaubter Tödtung diese nicht so bestraft wird nach Tscheu-li 18, 401 s. S. 736.
3) Dieser Sinn spricht sich noch aus in der kleinen chinesischen Erzählung L'Heroisme de la piété filiale in A. Rémusat Contes Chinois. Paris 1827. 12°. T, 1—129.

und Cibot Mém. T. 4 p. 9 und 220. S. u. Abh. über die häuslichen Verhältnisse der alten Chinesen S. B. 1862 Hft. 2 S. 243. Ein Beispiel ist im Sse-ki B. 77 f. 4 v., S. B. 28 S. 186: Der Vater Jû-i's, der begünstigten Gemahlin des Königs von Wei, war von einem Menschen getödtet worden. Drei Jahre ging sie darüber zu Rathe; von dem Könige abwärts begehrte sie von Allen, dass man sie an dem Feinde ihres Vaters räche u. sie weinte vor dem Prinzen Wu-ki von Wei. Dieser hiess einem Gaste den Kopf ihres Feindes abschlagen und reichte ihr denselben ehrerbietig, sie will dafür für den Prinzen sterben und schlägt ihm Nichts ab, und auf seinen Wunsch entwendet sie dann (257 v. Chr.) dem Könige die Abschnittstafel für den Feldherrn, dass er dem von Thsin bedrohten Reiche Tschao zu Hilfe kommen kann.

Die Gerichtsorganisation.[1]) Der Tscheu-li gibt die ausführlichste Darstellung über den Antheil jeder Behörde an den Gerichten, gewährt aber doch keine ganz klare Einsicht in die Organisation des Gerichtswesens. Die Strafgewalt ging ursprünglich vom Kaiser aus; er übertrug sie aber auf die Vasallenfürsten u. auch der Fürst selber übte die Criminalgewalt persönlich nicht; s. die Belege schon oben S. 687. Nach Tscheu-li B. 2 f. 3 (1) ist unter den 6 Verwaltungs-Constitutionen (Lu tien), die unter dem Grossadministrator (Ta- oder Tschung-tsai) stehen. die 5te die der Strafen (Hing tien), um die Reiche zu bessern, die 100 Beamten zu bestrafen und die Völker (in der Pflicht) zu erhalten. Unter den 8 Reglements (Pa fa), nach welchen das Betragen aller Beamten geregelt wird, betraf das 7te nach f. 7 (3) die Bestrafung der Beamten, um die Verwaltung in den Lehen zu bessern. Nach B. 3 f. 8 (2 v.) beschäftigt das Ministerium des Herbstes (Tsieu-kuan) mit 60 Beamten sich mit der Bestrafung. Für den höhern Dienst (Ta sse) gehorchten sie ihren Oberen (Tschang), in kleinern Angelegenheiten handelten sie für sich und nach f. 11 (3 v.) bildete unter den 6 Administrativdirektionen (Lo tschi) der

---

1) Es ist hier nur von der eigentlichen Criminal-Jurisdiktion die Rede. Die Polizei-Vergehen auf dem Markte strafte der Marktwart mit seinen Gehülfen nach Tscheu-li B. 14 f. 6; blosse unabsichtliche Vergehen der Friedensrichter Tiao-jin nach B. 13 f. 36 fg. (14, 10 v.) Die Disciplinargewalt über seine Untergebenen übte jeder Beamte, wie oben S. 687 bereits ausgeführt ist. Die äusserste Bestrafung war da aber nur die Anhaltung oder Auspeitschung.

obern Beamten die Leitung der Strafjustiz (Hing tschi) wieder die 5to des
Unteradministrators (Siao-tsai), um die Reiche zu regeln, die Völker zu
binden (bei der Pflicht zu erhalten) u. Diebe und Räuber auszurotten. Nach
B. 9 f. 11 (10, 6) hat der Ta-sse-tu durch die Strafen die rechte Mitte
zu bewahren, dann wird das Volk nicht brutal. Wir haben schon oben
S. 737 angeführt, welche Vergehen er nach B. 9 f. 47 bestrafen liess.
An der Spitze der eigentlichen Criminaljustiz stand der Sse-keu.
Er hatte die Oberaufsicht über das ganze Gerichtswesen und erkannte zu-
gleich als Richter in grössern Criminalsachen. Er kommt schon im
Schu-king öfter vor. Das Cap. des Schu-king Hung-fan IV, 4 p. 166 sagt:
die 8 Gegenstände der Regierung betreffen: 1) den Lebensunterhalt, 2)
die Güter (ho); 3) die Opfer und Ceremonien; 4) den Sse-kung (das
Departement der öffentlichen Arbeiten); 5) den Sse-tu (das des Unter-
richts); 6) den Sse-keu (das des Criminalwesens); 7) den Empfang
von Gästen, und 8) die Heere. Der Sse-keu, sagt das Cap. Tscheu-kuan
IV, 20, 11, hat die Gesetze gegen die Verbrecher beobachten zu lassen.
Er muss allen Missethätern und Unruhestiftern den Prozess machen.
Auch im Cap. Liü-hing IV, 27 wird er erwähnt und daneben der Criminalrichter Sse. Der Tscheu-li unterscheidet einen Ta-sse-keu [1]) und
einen Siao-sse-keu, einen grossen und einen kleinen. Vgl. Ma-tuan-lin B. 162
f. 3 v. — 5 v. Nach Tscheu-li B. 35 f. 1 (34, 13) hat der Ta-sse-keu
die 3 Spezialreglements (Tien) für die Lehenreiche festzustellen und dem
Kaiser zu helfen, sie (bei Widersetzlichkeit) zu bestrafen und die 4 Weltgegenden zu zügeln. [2]) Die leichteste Strafe verhängt er über erst neu

---

1) Dieses hat auch der Li-ki Cap. Waag-tschi 5 f. 27 (p. 20). S. die Stelle unten S. 767.
2) Hier ist, wie der Schol. bemerkt, von keiner eigentlichen Criminalstrafe die Rede, sondern
es kommen hier die 9 Regeln des Angriffs in Anwendung, von welchem der Abschnitt vom
Kriegsminister (Ta-sse-ma) B. 29 f. 1—6 handelt. Wenn sie Schwache unterdrücken, sich
des Landes der Kleinern bemächtigen, erklärt er sie für schuldig; wenn sie das Volk bedrücken,
greift er sie an; wenn sie grausam im Innern und Usurpatoren nach Aussen sind (setzt er sie
ab) und baut ihnen einen Altar (als Todten); wenn ihre Felder unfruchtbar sind und das
Volk sich zerstreut, vermindert er ihr Gebiet; wenn sie auf ihre Macht trotzen und nicht
gehorchen, greift er sie ohne Weiteres an; wenn sie ihre Verwandten tödten, arretirt er
sie (und führt sie an den kaiserlichen Hof zur Verurtheilung, wie den Fürsten von Wei
nach dem Tschün-thsieu Hi-kung Ao 28); wenn sie ihren Fürsten tödten, lässt er sie in
Stücke hauen; wenn sie ungehorsam gegen die Befehle der Obern sind, lässt er sie gefangen
setzen; Unverbesserliche, die Unordnungen machen, vernichtet er. f. 7 fg.)

errichtete Reiche, die mittlere über solche im Frieden (Ping), die schwerste
über die, wo Unruhen herrschen (Loon). Er untersucht dann die Bevölkerung nach den 5 Strafarten; die 1. betrifft die Strafen auf dem
Lande (Ye hing) (der Landmann muss nach den Schol. ackern, säen,
Canäle graben, Wege anlegen, Mauern bauen u. s. w.). Hier schätzt er
nun ihr Verdienst und kontrolirt die Anwendung ihrer Kräfte. Die 2.
sind die Strafen bei der Armee (Kiün hing). Da kommt es vor Allem
auf die Befehle des Commandanten an, und er untersucht, ob sie genau
ausgeführt werden. Die 3. sind die Strafen im Distrikte (Hiang hing).
Hier sieht er besonders auf die Tugenden und kontrolirt die Uebung
der Pietät. (Es sind die 8 Punkte, die im Abschnitte vom Ta-sse-tu
B. 9 f. 47 oben S. 737, vgl. 11 f. 2, erwähnt wurden.) Die 4te betrifft
die Bestrafung der Beamten (Kuan hing); da sieht er zuoberst auf ihre
Fähigkeit und kontrolirt, wie sie ihr Amt führen. Die 5te sind die Strafen
in der Hauptstadt (Kue hing). Da schätzt man zuoberst die Sorgfalt
(Yuen) der Beamten und kontrolirt die Gewaltthätigkeiten (Pao) des
Volkes. Man sieht, er hatte nicht nur das Criminalwesen sondern auch
das Kriegsrecht, die Polizei, Moral u. s. w. unter sich.

Er regulirt weiter nach B. 35 f. 13 (34, 18) nach den Constitutionen der Lehensreiche (Pung tien) die Criminalsachen (Yo-sung) der
Feudal-fürsten (Tschu-heu)[1]) und entscheidet die Criminalsachen, welche
die Minister (Khing), die Ta-fu und alles Volk betreffen.

Der Sino-sse-kou hat nach B. 35 f. 16 (1 fg.) nun untergeordnete
Funktionen; nach f. 19 fg. (2) hat er die 5 Strafen zu verhängen und die
Criminalsachen des Volkes zu untersuchen. Ueber sein Verfahren dabei
s. unten besonders, so auch über die Rücksichten, die er bei verschiedenen Classen der Bevölkerung dabei nimmt. Am Ende des Jahres
befiehlt er den Justiz-Beamten (Kiün-sse) die Gefangenen zu zählen und
bestimmt über die Anklagen, die noch nicht entschieden sind. Er deponirt die Akten im kaiserlichen Archive.

---

1) Die Schol. führen als Beispiel vom Ersten z. B. die Gräns- und Rang-Streitigkeiten der
Feudalfürsten an, dann wenn sie die Unterhaltung von Dämmen vernachlässigen, einen
Fluss absperren u. s. w. Die Dienstvergehen der obern Beamten richtet dann das Straf-Ministerium; Streitigkeiten der Ta-fu über Ländereien und Werthgegenstände werden, wie
wenn sie Leute des Volkes beträfen, entschieden.

Zunächst kommt dann der Vorstand der Justizbeamten (Ssé-ssé).[1]) Er hat nach B. 35 f. 33 fgg. (7) die 5 Arten von Verboten (U kin tschi fa) aufrecht zu erhalten, um die Strafen und Züchtigungen zu unterstützen. Die ersten sind die Pallast-Verbote (kung kin). Die 2. die Beamten-Verbote (kuan kin) (dass diese bei einer kaiserlichen Audienz es nicht an Respekt fehlen lassen, ihren Platz inne behalten s. B. 36 f. 19 fg.) Das 3. sind die Reichs- oder Hauptstadt-Verbote (Kue kin), die sich nach den Schol. auf das Innere der Städte, die Thore, Barrièren u. s. w. beziehen. S. oben S. 724. Die 4. sind die Feldverbote (Ye kin) (der Aufseher der Berge, Seen, Wälder, Gewässer, Parks, Gärten u. s. w.). Die 5. sind die Armee-Verbote, (Kiün kin) (z. B. still fortzumarschiren). Alle verkündet er mit der Glocke mit hölzernem Schlägel (Mo-to), indem er bei der Audienz herumgeht, sie aufschreibt und dann am Thore des Weilers sie aufhängt.

Mit 5 Warnungen (i u kiai) begleitet er die Wirkungen der Strafen und Züchtigungen und macht, dass die Vergehen beim Volke sich nicht mehren. Solche sind: 1) die Proklamationen (Schi) beim Heere (wie im Schu-king Cap. Kang-schi II, 2 und Mu-schi IV, 2); 2) die Erklärungen (Kao) bei Versammlungen der Würdenträger (wie im Cap. Ta-kao IV, 7 und Kang-kao IV, 9); 3) die Frohnden und Jagd-Verbote (z. B. nicht auf das fliehende Wild zu schiessen); 4) die (Informationen) Ermahnungen (Kien) für die Hauptstädte; 5) die Publikationen (Hien) für die Domänen und innern Distrikte (Tu u. pi). Er unterhält nach f. 39 die Verbindung zwischen den Arrondissements (Tscheu), Cantons (Tang), Communen (Tsho), Weilern (Liü) und Gruppen von 5 Familien (Pi), richtet die Gruppen von 5 und 10 ein, sich gegenseitig zu erhalten und aufzunehmen, beaufsichtigt den (Polizei-)dienst, Diebe und Räuber zu verfolgen und verhängt überall Strafen und Belohnungen, leitet die Beamten des fünften Ministeriums, untersucht die Instruktionen von Criminalsachen (die unentschieden geblieben sind), und berichtet darüber an den Ssé-keu, der über Gefängniss-Strafe und Prozess dann entscheidet. Er übermittelt dann den Befehl an die einzelnen Gerichtsbeamten. Er beschäftigt sich mit den 8 Entscheidungen (Pa tsching) der Ober-Richter (Ssé). Die

---

1) In Tai verurtheilt nach Meng-tseu 1, 4. 8 p. 6 der Ssé-ssé einen Mörder zum Tode.

1. begreift böse Absichten gegen den Staat (pang tscho); die 2. Räubereien im Staate (pang tse); die 3. Untreue gegen den Staat (pang thie); die 4. Widersetzlichkeit gegen Staatsbefehle (fan pang ling); die 5. hochmüthige Anmassung von Staatsbefehlen (kao pang ling); die 6. Diebstahl von Staatsgut (pang thao); die 7. Verbindung gegen den Staat (pang you); die 8. Verläumdungen des Staats (pang wu) oder von dessen Beamten. Bei einer Calamität im Staate heisst er nach f. 45 das Volk versetzen, Lebensmittel vertheilen, die Wachtposten inspiziren, die Strafen vermindern. Bei allen Criminalsachen, die Gegenstände von Werth betreffen, entscheidet er nach den Anleihe-Coutrakten (Fu-pie) und Kauf und Verkauf-Verträgen (Y-tsie); handelt es sich bloss um eine Civil-Klage, so ist es Sache des Siao-tsai nach B. 3, 21 oben S. 698. Bei einem grossen Heeresauszuge tritt er nach f. 50 (11) an die Spitze seiner Beamten und gebietet den Soldaten, ihren Anführern zu gehorchen und die Militär-Verbote nicht zu übertreten; Contravenienten bestraft er mit dem Tode. Seine Richtergewalt war also sehr gross. Der Ta-sse-ma scheint keine Strafgewalt gehabt zu haben. Wenn dieses wäre, würde die Frage, welche jetzt Deutschland beschäftigt, ob eine besondere Militärgerichtsbarkeit bestehen bleiben soll, in China schon vor 3000 Jahren entschieden gewesen sein; jedenfalls entschieden die Militär-Befehlshaber dort wohl nicht über bürgerliche Verbrechen der Militair-Personen. Es gab freilich keinen eignen besondern Militairstand; der Heerdienst galt bloss für einen Theil des öffentlichen Dienstes, dem Jeder unterworfen war.

Im innern Distrikte (Hiang) beschäftigt der Vorsteher (Hiang-sse)[1]) nach B. 36 f. 1 (35, 11 v.) sich mit der Verzeichnung, Inzaumhaltung und Verwarnung der Bewohner des Distrikts; er hörte ihre Streitigkeiten, (Yo-sung) (die Gefängnissstrafe nach sich ziehen) und prüfte ihre Aussagen. Bei Verbrechen, die Todesstrafe nach sich ziehen, berichtete er darüber. Das Weitere unten beim Gerichtsverfahren.

Ziemlich dasselbe hat nach B. 36 f. 6 (35, 14) der Sui-sse, der

---

1) Nach den Schol. des Tschou-li B. 8 f. 2 sind die Binnendistrikte (Hiang) innerhalb 100 Li von der Hauptstadt, die 6 äusseren Distrikte (Sui) im Gebiete von 100—200 Li von der Hauptstadt; nach Schol. zu B. 36 f. 9 ist Ye, das Gebiet von 200—300 Li (20—30 frz. M.) von der Hauptstadt, Hien das von 300—400 Li und Tu das von 400—500 Li von da

Vorstand der äussern Distrikte in den 4 Weichbildern (Kiao), der Hien-sse oder Justiz-Vorstand nach B. 36 f. 9 (35, 15) in den äussern Dependenzen, und der Fang-sse nach B. 36 f. 12 (35, 17) in den Distrikten Tu und Kia [1]) zu thun. Man sieht aus diesem, dass es eigentlich keine reinen Justiz-Aemter gab, sondern Justiz- und Administration in den Händen der Beamten vereinigt war, obwohl allerdings einige Beamte sich mehr mit der Justiz beschäftigten. Der Sui-sse, heisst es B. 36 f. 6 (35 14), prüft die Aussagen und entscheidet die Criminalsachen. Solche Verbrecher, die mit dem Tode bestraft werden, sondert er ab und macht darüber einen besondern Bericht. Nach 2 Dekaden (20 Tagen) lässt er über sie in der Audienz vom Sse-kou unter Assistenz der Kiün-sse und Sse-hing entscheiden; über Fälle, worauf bloss Gefängnissstrafe steht, entscheidet er selbst. Wenn jene Untersuchung vollendet ist, erhält der Sui-sse das Erkenntniss. Am bestimmten Tage begibt er sich in das Weichbild, und die Todesstrafe wird dann vollzogen und die Leiche des Hingerichteten 3 Tage lang ausgestellt. Bei einer Begnadigung schickt der Kaiser einen der San-kung [2]) am Tage, wo das Erkenntniss gesprochen wird. Aehnliche Funktionen, wie schon gesagt, haben der Hien-sse und der Fang-sse; nur da ihre Distrikte weiter von der Hauptstadt entfernt sind, erfolgt die Entscheidung bei jenem erst nach 3 Dekaden, bei diesem erst nach 3 Monaten. Bei einer Begnadigung sendet der Kaiser bei Sachen, die der Hien-sse instruirt hat, einen der 6 Minister. Alle diese Beamten hatten bei Todesverbrechen also nur die Instruktion des Prozesses, die Entscheidung hatte der Sse-keu, von dem sie das Erkenntniss erhielten und es dann vollzogen.

Die Ya-sse beschäftigten sich nach B. 36 f. 16 (35, 18) mit den Criminalsachen in den 4 Weltgegenden und verkündeten in den Feudal-Reichen (pang kuo) die Erlasse (yü) (Nach den Schol. übten sie indess dort nur eine Oberaufsicht über die Justizverwaltung, die Missbräuche zu hindern, indem die Bestrafung der Graduirten und der Leute aus dem Volke der Regierung in den Einzelreichen zustand). Kommt in den 4 Gegenden eine Criminalsache vor, die der Oberrichter (Sse) zu

---

1) In diesen gab es noch besondere Justizbeamten, die Ts-sse und Kia-sse; der Artikel des Tscheu-li über diese ist aber verloren gegangen, s B. 39 f A1.
2) S. m. Abh. über die Verf. u. Verw. China's S. 72 (522).

instruiren hat (tsao), so beginnen sie (die Voruntersuchung); finden dort Unordnungen oder Verhaftungen statt, so begeben sie sich hin und fassen in der Sache einen Beschluss. Fremde Gäste (die das Reich betreten oder einen Gasthof bewohnen) schützen sie, wie die vorigen Beamten, gegen die zudringliche Menge, lassen ihnen Platz machen, bestrafen die, welche die Fremden belästigen (puo), geleiten sie aus und ein, und lesen, wo Menschenmassen zusammenkommen, diesen die betreffenden Verbote vor. Die Audienz-Vorsteher (Tschao-sse) hatten nach B. 36 f. 19 (35, 19 v.) das Reglement über die Aussen-Audienzen am kaiserlichen Hofe vor der Wagenpforte zu regeln. Nach den Schol. zu Tscheu-li B. 3 f. 34 (11) vgl. T. I p. 1 hatte der kaiserliche Palast 5 Pforten: die (hohe oder) Trommel-Pforte (Kao-men), das Schatzthor (Ku-men), das Fasanenthor (Tschi-men), das Thor der Antworten (Yng-men) und das (grosse oder) Wagen-Thor (Lu-men), im Schu-king Pi-men nach einem Gestirne (Pi) genannt, auch die Tigerpforte (Hu-men). Das Fasanenthor war das mittlere und hatte 2 Thürme; das Schatzthor war ausserhalb des Fasanenthors. Die äussere Audienz war ausserhalb des Schatzthors — der Schol. zu B. 36 f. 19 sagt ausserhalb des Wagenthores und innerhalb der hohen Pforte. — Hier ist von der äussern Audienz die Rede.) — Links, sagt nun der Tscheu-li B. 36 f. 20, waren 9 Dornbüsche (Kieu ki). Die Vice-Kanzler (Ku), Minister (Khing) und Ta-fu standen da; hinter ihnen die Sse; rechts waren (ebenfalls) 9 Dornbüsche; da standen (die Feudalfürsten der 5 Ordnungen) die Kung, Heu, Pe, Tseu und Nan und hinter ihnen die Schaar der Beamten (Kiün-li). Ihnen gegenüber waren 3 (Bäume) Hoai (Bignonia tomentosa); da standen die San-kung (die 3 Räthe) und die Vorsteher der Arrondissements dicht hinter ihnen. Links war nun der schöne Stein (Kia-schi), die demoralisirten Menschen zu regeln (siehe unten) und rechts der Lungenstein (Fei-schi), wo die Unglücklichen sich kundgaben. Der Tschao-sse an der Spitze seiner Unter-Beamten lief nun mit der Peitsche herum, entfernte die zudringlich waren, sah darauf, dass die, welche an der Audienz Theil nahmen, sich nicht unrespektvoll zeigten und nicht mit einander schwätzten. Hier zeigte auch, wer Werthsachen gefunden[1]). Menschen

---

[1] Tscheu-li 14, 8 heisst es im Artikel vom Marktwarte: Alle die Sachen von Werth oder eins von den 6 Hausthieren gefunden haben, müssen sich nach derselben Bestimmung

(nach den Schol. flüchtige Verbrecher und entlaufene Diener) und Thiere (die sich verlaufen hatten) aufgefunden hatte, sie an. Der Tschao-sse nahm ihre Erklärung entgegen; meldete sich kein Eigenthümer, so konfiszirte er sie nach einer Dekade; Sachen von grossem Werthe wurden Staatseigenthum, kleinere liess man den Leuten, die sie gefunden hatten. Die Strafvorstände (Sse-hing) haben nach B. 36 f. 30 (1 fg.) die 5 Arten von Strafen den Verbrechen anzupassen. Wenn der Sse-keu über einen Gefangenen oder einen Prozess entscheidet, so nimmt der Sse-hing das Reglement über die 5 Strafen und bestimmt darnach die mehr oder mindere Schwere des Verbrechens. Wir haben, was über das Verhältniss der verschiedenen Strafen zu einander dort gesagt wird, schon oben S. 749 angeführt. Der Sse-thse oder Vorstand der Hinrichtungen hatte nach B. 36 f. 34 (2 v.) das Reglement (fa) über die 3 Fälle der Todesstrafe (San sse), über die 3 der Nachsicht (San Yeu, des Exils) und über die 3 Fälle der Begnadigung (San tschi) zu regeln und unterstützte dabei den Sse-keu. Wir werden diese gleich, wo vom Verfahren die Rede ist, näher angeben. Der Tschi-kin, der Aufseher des Goldes oder Metalls, hatte endlich nach B. 36 f. 45 (8) alles Gold und andere Werthsachen unter sich und nahm auch die Bussen in Gold und Münzen an, auf welche die Justiz erkannte und lieferte sie in das Waffenmagazin ab. (Man verwandte sie nach dem Schol. zur Verfertigung von Waffen.) Der Sse-li empfing nach f. 47 (9) die Werkzeuge (Jin khi) und Werthsachen (ho yen), die man bei Dieben und Spitzbuben vorfand, unterschied die Arten, bemerkte Quantität und Gewicht, bestimmte den Werth und Preis derselben, schrieb ihn auf jeden Gegenstand und lieferte sie dem Waffenvorstande (Sse-ping) ab nach f. 47 (9). Dies möchten die Beamten sein, die beim Gerichtswesen betheiligt waren. Der Tscheu-li spricht immer nur von denen im Kaiserreiche, in den einzelnen Feudalreichen waren aber entsprechende, von welchen wir aber nichts Weiteres wissen.

richten, d. h. am bestimmten Platze des Marktes sie deponiren. Nach 3 Tagen konfiscirt man sie; die Schol. meinen, wenn der Eigenthümer sich nicht meldete.

Vorschriften für die Richter. Der Schu-king enthält schon mehrere solche. Die nothwendige Unterscheidung zwischen zufällig und ohne Absicht begangenen Vergehen und absichtlichen, von welchen dann der Friedensrichter (Tiao-jin) jene nach Tscheu-li B. 13 f. 36 (14, 10 v.) entschied, haben wir schon oben S. 738 hervorgehoben. Im Cap. Schün-tien I, 2 §. 11 gebietet der Kaiser Schün, die Gesetze zu beobachten, aber die Richter sollten, wenn sie straften, dabei Mitleid zeigen. Im Cap. Ta-yü-mo I, 3 wird empfohlen, die rechte Mitte zu halten, die Strafe solle sich nicht bis auf die Nachkommen erstrecken, wohl aber die Belohnungen. Wenn ein Verbrechen zweifelhaft, sei die Strafe gering, wenn das Verdienst aber auch nur zweifelhaft, die Belohnung gross. Besser die Gesetze gegen einen Verbrecher nicht einhalten, als einen Unschuldigen hinzurichten. Eine Tugend, die sich so darin gefalle, das Leben des Volkes zu erhalten, gewinne das Herz des Volkes [1]. So äussert sich da Kao-yao, der unter Schün Criminalrichter war. Im Cap. Y-tsi I, 5, 37 heisst es: Wenn Einer unüberlegte Worte ausspricht, die Zwietracht erregen könnten, so nehme man ihn besonders vor, haue ihn, dass er daran denkt, registrire es ein, verspricht er, sich zu bessern und mit den Andern in Frieden zu leben, so setzte man seine Worte in Musik und singe sie ihm täglich vor! Bessert er sich dann, so melde man es dem Kaiser, und der kann sich dann seiner bedienen; wo nicht, so strafe man ihn. Im Cap. Kang-kao IV. 9 §. 10 p. 196 sagt Tscheu-kung zu Kaiser Tsching-wang: Fürst! Nicht ihr verhängt die Todes- oder eine andere Strafe, nicht aus euch selber (nach euerem Verlangen) dürft ihr zur Todes- oder einer andern Strafe verurtheilen [2]; wenn man Einem die Nase oder die Ohren abschneiden muss, so geschehe es nicht nach eurer speziellen Neigung, sondern publizirt und lasst die Gesetze der D. Yn beobachten, und §. 12 fährt er fort: Handelt es sich um ein bedeutendes Vergehen eines Gefangenen, so überlegt die Sache 5—6—10 Tage, selbst bis 3 Monate, vollzieht dann aber genau das Erkenntniss. Indem ihr

---

1) Die Stelle des Schu-king citirt Tso-schi Siang-kung Ao 20, 8 B. 18 S. 174.
2) See-ki B. 79 f. 9 v., S. B. 90 S. 282 sagt Fan-boei, der Minister in Thsin (296 v. Chr.); noch, das Sprüchwort sagt: Ein gewöhnlicher Gebieter belohnt, wen er liebt und straft, wen er hasst; ein erleuchteter Gebieter thut dieses nicht; seine Belohnungen werden den Verdienstvollen zu Theil, die Strafe trifft nur die Schuldigen.

die Gesetze der D. Yn publizirt und sie vollziehen lasst, nehmt immer Rücksicht auf die Verhältnisse und die Gerechtigkeit und folgt nicht bloss eurer eignen Neigung, und wenn ihr auch immer (der Gerechtigkeit) gemäss handelt, so sprecht doch bei euch: Vielleicht habe ich doch noch etwas nicht beachtet. Die Gesetz-Uebertreter müssen strenge bestraft werden. Im Cap. Kiün-tschin IV, 16, f. 9 p. 263 sagt Tsching-wang zu Kiün-tschin (dem Nachfolger Tscheu-kung's als Statthalter von Lo): Bei der Anwendung des Gesetzes seid nicht hart (Sio), seid milde, aber haltet dabei auf die Verordnungen (Tschi). — Was die Bestrafung (pi) des Volkes der Yn betrifft, wenn ich auch sage: straft! so bestraft doch nicht, wenn ich (auch) sage: verzeihet, so verzeiht doch nicht; haltet bloss eure Mitte (wei kue tschung) inne. Giebt es Leute, die eure Gesetze (tsching) nicht befolgen, und die sich auf eure Ermahnungen hin nicht bessern, so straft sie, um andere Bestrafungen zu hindern. Gewöhnung (nien) an Ausschweifungen und Schlechtigkeiten (Kieu-kuei), Umsturz der beständigen Regeln (Tschang) und Verwirren der Gewohnheiten (loen so): diese 3 (Dinge), auch wenn sie nur leicht vorkommen (San se), sind nicht zu verzeihen. Am ausführlichsten ist das Cap. Liü-hing IV, 27, die Strafen des Fürsten von Liü (der unter Kaiser Mu-wang (1002-947) See-keu gewesen sein soll). Die Hauptsache ist dem Kaiser, die Ruhe herzustellen: Der Himmel, sagt er, hat mich beauftragt, dahin zu wirken, dass das Volk gebessert und vervollkommnet werde. Befolgt die Befehle des Himmels und steht mir bei. Wenn (ich auch sage), straft, so müsst ihr doch nicht gleich strafen; wenn ich auch sage, verzeiht, so müsst ihr doch nicht gleich verzeihen. Wendet sorgfältig die 5 Strafen an und übt die 3 Tugenden. Wenn ihr wollt, dass die 100 Familien im Frieden leben, so müsst ihr eine gute Auswahl von Personen (für die Richterstellen) treffen, aufmerksam auf die Strafen sein und wohl überlegen, wie ihr entscheidet. Nachdem beide (Partheien) ihre Stücke producirt haben (der Prozess scheint also damals schon schriftlich gewesen zu sein), hört der Richter beide, und bleibt nach der Untersuchung kein Zweifel, so wendet er die Strafen an, im Zweifel aber eine der 5 Arten der leichtern Strafen (Fa) und des Loskauf's. Wir haben die Stelle schon oben S. 749 angeführt. Studirte Reden sind nicht geeignet, Criminal-Prozesse zu entscheiden, nur gute, rechtschaffene Männer, die immer die rechte Mitte halten. Achtet auf die Reden, die den Gedanken nicht entsprechen und folgt nur, wo ihr folgen könnt. Bei den Prozessen seht nicht auf euren besondern Nutzen; so erworbene Reichthümer sind kein Schatz, sondern ein Haufe von Verbrechen, der nur Strafe und Busse fürchten lässt. Der Li-ki Cap. Wang-tschi 5 f. 27 (S. 20)[1]), auch im Kia-iû Cap. 31 f. 16, sagt: Der Sse-keu bestimmt (Tsching) die Strafen, stellt in's Licht das Gesetz (Pi), indem er die Prozesse (Yo-sung) entscheidet (hört). Sicher berücksichtigt er dabei das 3fache Strafverfahren (siehe gleich unten und Tscheu-li B. 35 f. 25). Er erforscht die Absicht (tschi) und ohne Untersuchung entscheidet er nicht. Bei Anwendung (der Strafe) folgt er der leichtern; bei der Verzeihung folgt er dem schwereren. Alle, welche die 5 Strafen verhängen, beobachten als Regel des Himmels Ordnung (Thien lûn); folgen nicht Privatrücksichten. Verurtheilt der Richter zu einer Strafe, so richte er sich nach der Sache. Jeder, der über die 5 Strafen zu entscheiden hat, hat zu berücksichtigen die nahe Vorwandtschaft von Vater und Sohn, stellt fest das Recht (J) von Fürst und Unterthan und erwägt seine Bedeutung. Er prüft (lûn) die Leichte und Schwere der Sache, und sorgfältig ergründet er das Oberflächliche und Tiefe. Er ermisst und unterscheidet, untersucht ihre Einsicht und ihren Verstand, ihre Redlichkeit und Liebe, um Alles zu erschöpfen. Ist die Sache zweifelhaft, so theilt er sie einer Mehrzahl von Männern mit. Ist diese Mehrzahl auch zweifelhaft, so verzeiht .er. Jedenfalls untersucht er die Kleinheit oder Grösse der Schuld und entscheidet danach.

Das gerichtliche Verfahren. Der Li-ki fährt fort: Wenn der Unter-Beamte (Li) die Klage gerechtfertigt findet, meldet er es dem Beamten (Tsching). Dieser untersucht (hört) die Sache, und wenn auch er die Klage gerechtfertigt findet, berichtet er darüber an den Ta-sse-keu. Dieser untersucht (hört) die Sache unter dem Dornbaume (Ki) (der in einem inneren Hofe des kaiserlichen Pallastes gepflanzt war), und wenn auch der damit einverstanden ist, berichtet er darüber an den Kaiser (Wang). Dieser befiehlt den San kung, 3 mal die Sache zu untersuchen und wenn die damit einverstanden sind, melden (berichten) sie es dem Kaiser.

---

1) Bei Callery fehlt der Anfang.

Der Kaiser steht auch 3 mal an und lässt dann erst die Strafe vollziehen. Bei leichten Vergehen findet eine solche Verzeihung nicht statt. Der Li-ki schliesst mit einem Wortspiele: die Strafe (Hing) ist wie eine Form (Hing); einmal vollzogen (Tsching), lässt sie sich nicht mehr ändern; darum erschöpft der Weise sein Herz darin, (d. h. er verfährt mit der grössten Umsicht, ehe er Todesstrafen ausspricht). Der Tscheu-li sagt vom Ta-sse-keu B. 35 f. 7: durch die Anwesenheit beider Partheien hindert er Streitigkeiten unter dem Volke. Jede muss ein Bündel Pfeile (als Emblem ihrer redlichen Absicht) zur Audienz mitbringen; dann entscheidet er ihre Sache. (Dies und das Folgende ist dunkel.) Durch die doppelten Aktenstücke macht er die Streitigkeiten (Yo)[1]) (von Leuten aus dem Volke) unnöthig. Jede Parthei muss einen Kiûn (30 Pfund) Metall oder Gold (Kin) mitbringen. (Was Arme nicht konnten, und was also Prozesse hinderte). 3 Tage darauf beruft er die Versammlung (Audienz) und hört die Sache. (Wir haben schon erwähnt, dass links vom Thore der äussern Audienzhalle ein Stein mit schönen Adern war (s. B. 36, 21)); durch diesen schönen Stein (Kia-schi) sucht er die entarteten Menschen zu bessern. Alle Leute aus dem Volke, die ein Verbrechen begangen u. ihr Betragen noch nicht nach den Gesetzen (fa) geregelt haben, und die in ihren Arrondissements (Tschen) und Dorfe (Li) Schaden anrichten, wurden an Händen und Füssen gefesselt, auf diesen schönen Stein gesetzt (wie am Pranger ausgestellt) und mussten dann unter dem Vorsteher der öffentlichen Arbeiten Zwangsarbeiten thun. Für schwere Verbrechen (Tschung tsui) mussten sie 13 Tage auf dem Steine sitzen und 1 Jahr frohnden; für die folgenden (einen Grad geringern) 9 Tage darauf sitzen und 9 Monate frohnden; für die folgenden (um 2 Grad geringeren Verbrechen) 7 Tage daraufsitzen und 7 Monate frohnden; für die folgenden (3. Grades) 5 Tage darauf sitzen und 5 Monate frohnden; für die geringsten Vergehen (Hia tsui) 3 Tage auf dem Steine sitzen und 3 Monate frohnden. Die Beamten des Arrondisse-

---

1) Yo soll den Criminal-Prozess, Sung den gewöhnlichen (Civil-) Prozess bezeichnen. Der Arme, der das nicht konnte, schlug auf eine besondere Trommel (Lu-hu) vor dem Pallast-Thore Kao-men, um Recht zu erlangen. Tscheu-li B. 31 f. 30. Ein Diener benachrichtigte den Kaiser sofort davon (Vgl. B. 3 f. 35) oder er setzte sich auf den sogenannten Lungenstein (Fei-schi) nach Tscheu-li B. 85 f. 10 und B. 36 f. 21.

ments und Dorfes mussten für ihre Arbeit gut stehen, und nur dann begnadigte man ihn und liess ihn frei. (Besserte er sich nicht, so konnten sie nach den Schol. ihn schlagen und peitschen; half das aber auch nicht, ihn an den Arrondissements-Chef zurückschicken und aus der Gemeinde vertreiben.)

Was die Anzeige von Verbrechen betrifft, so war nach Tscheu-li B. 37 f. 16 (36, 17 v.) Jeder, der eine Verwundung oder einen Todtschlag gewahrte, bei Strafe zur Anzeige verbunden. S. oben S. 728 [1]). Die Ermittelung der Wahrheit. Bei den alten Chinesen kommt keine Tortur,[2]) kein Gottesurtheil, wie bei den Indern und Alt-Deutschen, kein Reinigungs-Eid, kommen keine Eideshelfer vor. Es fragt sich also: Wie ermittelte der Richter die Wahrheit? Ausser der Ertappung auf der That dienten wohl Urkunden und Zeugenaussage z. B. der Nachbarn nach Tscheu-li B. 36 f. 26 als Beweis. Der Tscheu-li B. 36 f. 21 (3) erwähnt noch 5 Anzeichen (Sching, Töne): 1) Indem er auf seine (des Angeklagten) Worte hört (ob er sich nicht verwirrt): 2) indem er seine Gesichtsfarbe (Se) beachtet (hört), (ob er nicht erröthet); 3) indem er auf seinen Athem (khi) hört, (ob er nicht nur mit Mühe aufathmet); 4) indem er auf seine Ohren (eul) merkt (ob er bestürzt wird, wenn er den Richter sprechen hört); und 5) indem er auf seine Augen (mo) merkt, (ob sein Blick frei oder getrübt ist). Eine eigene Art der Rechtfertigung eines fälschlich Angeklagten ist 294 im See-ki B. 75 f. 6 v., S. B. 31 S. 76 fg. Mengtschang, der Reichsgehilfe in Tsi, war beim Könige Min verdächtigt, als beabsichtige er eine Empörung. Als nun ein anderer Grosser Tien-kia wirklich aufstand, schöpfte der König gegen den Reichsgehilfen Verdacht. Dieser entfloh aus dem Lande. Da schrieb ein weiser Mann dem Könige, dass dieser nicht Urheber der Empörung sei und bat einen leiblichen

---

1) Ein eigner Conflikt entstand, wenn es sich um ein Verbrechen von Vater oder Sohn und dessen Anzeige durch den Einen oder Andern handelte. Nach Lün-iü 2. 13, 18 rühmte der Gouverneur von Y gegen Confucius die Aufrichtigkeit eines Mannes in seinem Dorfe; sein Vater hatte ein Schaf gestohlen, und der Sohn zeugte gegen ihn. Confucius aber meinte, richtiger sei das Verfahren in seinem Dorfe, wo der Vater die Fehler des Sohnes und der Sohn die des Vaters verberge. Vgl. Liä-schi's Tschün-thsieu im J.-sse 86, 4 f. 32.
2) Unter Thsin Eul-schi lässt Tschao-kao dem Minister Li-sse aber 1000 Hiebe geben, bis er bekennt. See-ki B. 87 f. 21 v., S. B. 31 f. 844.

Eid darauf ablegen zu dürfen (Tsing i schin wei ming) und schnitt darauf sich selber vor dem Thore des königlichen Pallastes den Hals ab (tsen king)! Der König erschrack, ordnete gleich eine Untersuchung an, bei der sich denn auch herausstellte, dass der Reichsgehilfe wirklich an keinen Abfall gedacht habe; der König rief ihn dann zurück, der entschuldigte sich aber mit Kränklichkeit und kam nicht.

Aber auf 8 Verhältnisse (Pa-pi) wurde noch von dem Gerichtshofe Rücksicht genommen: die 1) Rücksicht war nach B. 35 f. 23 die Verwandtschaft mit dem Kaiser;[1] 2) berücksichtigte man die Alten (Ku, Beamten); 3) die Weisen (Hien); 4) die (besonders) Fähigen;[2] 5) das Verdienst (Kung); 6) die geehrte Stellung (Kuei); 7) den Eifer (Kin); und 8) die Gäste (des Hofes). (Der Schol. versteht darunter die Nachkommen der 3 alten Kaiser und der beiden ersten Dynastieen (?)).

Aber auch bei der Criminal-Untersuchung gegen Leute aus dem Volke (Schu-min) richtete er sich, wie schon der Li-ki (S. 767) erwähnte, noch nach dem Urtheile dreier Classen (San thee). Er befragte 1) die Schaar der obern Beamten (Kiün-tschin); dann 2) die der untern Beamten (Kiün-li) und endlich 3) noch das Volk (wan min)[3] (ob das die Hinrichtung oder die Begnadigung des Verbrechers verlangte, etwa wie Pilatus im Evangelio). Dies wiederholt der Tscheu-li B. 36 f. 34 und auch Meng-tseu sagt zum Könige von Tsi I, 2, 7 (32): Wenn die zur Linken und Rechten (alle niedern Beamten) auch sagen, er muss hingerichtet werden, so höre nicht darauf, wenn auch alle höhern Beamten (Ta-fu) sagen, er muss hingerichtet werden, so folge ihnen nicht; wenn aber die Leute im Reiche (Kue jin) (das ganze Volk) es sagen, dann untersuche die Sache, und findest du, dass er den Tod verdient hat, dann lasse ihn hinrichten. Wenn du so handelst, wirst du Vater und Mutter deines Volkes sein. (Dies sollte indess nur bei Todesstrafen stattfinden.)

---

1) Nach dem Schol. bedurfte er unter der D. Han der Autorisation des Kaisers, wenn man gegen ein Glied der kaiserlichen Familie oder einen redlichen Beamten eine Strafe anwenden wollte.
2) Ein Beispiel b. Tso-schi Siang-kung Ao 22.
3) Wie das Volk befragt wurde, ist nicht deutlich. Nach Tscheu-li B. 35 f. 17 (1 fg) befragte der Siao-sse-keu das Volk in 3 Fällen: 1) Wenn das Reich in Gefahr war (Kue wei); 2) wenn die Hauptstadt verlegt werden sollte (tsien) vrgl. Schu-king III. 7. und 3) bei der Einsetzung eines Fürsten (Li kiün, wenn ein Fürst ohne Erben starb); s. Weiteres über die Berufung des Volkes in diesen Fällen beim Scholiasten da.

Als Gründe der Nachsicht[1]) und Begnadigung führt der Tscheu-li B. 36 f. 35 je 3 auf: Man soll nachsichtig sein, 1) wenn Einer unwissentlich (pu-tschi) fehlte (nach den Schol. z. B. sich an Einem rächen wollte und aus Versehen einen Andern dafür tödtete); 2) wenn Einer unfreiwillig sich verfehlte (Kuo-schi) (z. B. mit einer Axt Holz hauen wollte und einen Menschen tödtete); 3) wenn man aus Nachlässigkeit oder Vergesslichkeit (J-wang) handelte (z. B. einen Pfeil oder eine Lanze auf einen Vorhang abschiesst und nicht daran denkt, dass dahinter ein Mensch getroffen werden kann). Bei unfreiwilligem Todtschlag erfolgt eine mildere Bestrafung (Yeu) S. oben S. 748. Eine Begnadigung findet statt, 1) wenn der Angeklagte ein sehr junges Kind ist (Yeu jo); 2) wenn er ein sehr betagter Greis (lao mao) ist;[2]) und 3) wenn er ein Jdiot (tschung, eigentlich zerstossen) oder schwachsinnig (yü) ist.

· Verschieden davon waren die allgemeinen Straferlasse oder Begnadigungen bei einer Hungersnoth, Epidemie und andern Unglücksfällen (S. Tscheu-li B. 9 f. 55. B. 13 f. 36. B. 35 f. 44. B. 86 f. 27 (35, 23). Diese betraf aber die schon Verurtheilten. Ein Beispiel einer solchen allgemeinen Begnadigung gibt der See-ki B. 41 f. 13—15, S. B. 44 S. 214—218, als ein gewisses Sternbild dem Lande Tschu Schaden drohte. Ein älterer Bruder wollte damals aber einem jüngeren, der einen Menschen umgebracht hatte, durch Bestechung vom Tode retten: dadurch aber entging dieser gerade der Mitbegnadigung. Zu einem guten Fürsten gehört sonst, dass er Gnade übe; so heisst es von Tsokung von Tsin bei seiner Thronbesteigung bei Tso-schi Tsching-kung Ao 18, S. B. 17 S. 312: er begnadigte die Verbrecher.

Wir sehen, dass der chinesische Gesetzgeber namentlich bei Verurtheilungen zum Tode sehr umsichtig verfahren[3]) wissen wollte. Die

---

1) Vergeben, die nach Schu-king Cap. Kiün-tschin IV, 16 p. 263 nicht verziehen werden sollten s. oben S. 760

2) Nach dem Li-ki cap. Kio-li 1 f. 7 (3) hiess ein Greis von 80—90 Jahren (Mao); ein Kind von 7 Jahren (Pao), und beide waren strafles, wenn sie auch ein Verbrechen begangen hatten. Unter den Han wurde nach den Schol. Keiner unter 8 Jahren und Keiner, der über 80 J. alt war, verurtheilt, wenn er nicht mit eigenen Händen Einen umgebracht hatte.

3) Strassenräuber wurden nach Meng-tsen, II, 10. 4 (4, 251) p. 134 aber ohne Verzug und ohne sie zu belehren hingerichtet; doch ist die Erklärung der Stelle zweifelhaft und factisch ist später wohl oft sehr summarisch und willkührlich verfahren worden.

untern Beamten (Hiang-sse, Sui-sse, Ilien-sse und Fang-sse) hatten da nur, wie schon bemerkt, die Instruktion der Sache nach B. 36 f. 1 (35, 11 v.) und berichteten dann an den Sse-keu; der untersuchte die Sache in der Audienz unter Assistenz aller Richter (Kiün-sse) und der Strafvorsteher (Sse-hing) bestimmte, welche Strafe im einzelnen Falle zur Anwendung komme, während der erste Richter bloss den Thatbestand feststellte und theilte ihnen dann das Erkenntniss zur Strafvollziehung mit. S. Tscheu-li B. 36 f. 30—33.

Von allen Entscheidungen der Justiz-Beamten (Sse) fand nach B. 36 f. 24 noch eine Appellation statt, die aber in einer bestimmten Frist angebracht werden musste, und zwar in der Hauptstadt oder der Mitte des Reichs (Kue tschung) binnen 1 Dekade, im Weichbilde (Kiao) binnen 2 Dekaden, in den äusseren Gebieten (ye) binnen 3 Dekaden, in den Domänen (Tu) binnen 3 Monaten und in den Feudalreichen binnen 1 Jahre. (Die Verbindungsmittel waren damals wohl noch sehr mangelhaft.) Innerhalb dieser Fristen wurde die Sache instruirt und entschieden; waren sie verstrichen, so fand kein Erkenntniss weiter statt.

Die privilegirten Classen. Man kann leicht ermessen, dass in einem so aristokratisch organisirten Staate und unter einer solchen Beamten-Hierarchie, wie das alte China sie hatte, gewisse Classen bevorzugt waren. Die Verwandtschaft mit dem kaiserlichen Hause und Anderes, was oben S. 770 erwähnt ist, weiset schon darauf hin; der Tscheu-li B. 35 f. 19 fg. (2) sagt: der Siao-sse-keu untersucht die Criminalsachen und wenn er strafen muss, thut er es mit Wohlwollen; er gibt sein Erkenntniss erst nach einer Dekade ab; das Urtheil wird schriftlich verlesen und dann das Gesetz angewandt. Männer und Frauen von Rang (Ming-fū und Ming-fû) erschienen bei einer Criminalanklage nicht in Person vor Gericht. (Ein Lehenfürst sandte nach dem Schol. seinen Ta-fu, ihn zu vertreten, ein Ta-fu einen Verwandten, seinen Sohn oder Bruder.) Wenn Einer von kaiserlichem Geblüte den Tod verdient hatte, wurde er nicht auf öffentlichem Markte hingerichtet, sondern nach B. 37 f. 5 (36, 12 v.) begaben verurtheilte Beamte und solche aus der kaiserlichen Familie sich zum Intendanten der kaiserlichen Domäne, (Thien-sse), wo sie heimlich hingerichtet wurden. Vgl. Tscheu-li B. 4 f. 43. (Es sollte das Ansehen der Beamten in den Augen des Volkes nicht herabgesetzt und doch der Gerechtigkeit ihr Lauf gelassen werden.) Im Li-ki im Cap. Wen-wang schi-tseu Cap. 8 f. 40 heisst es: Wenn vom Clane (Tso) des Kung (Fürsten) Einer ein Todesverbrechen (See-tsui) begangen hat, wird er vom Thien-jin aufgehängt (Khing); bei der Bestrafung eines gewöhnlichen Verbrechens (Hing-tsui) wird er auch von diesen Beamten (im Gesichte) gezeichnet (Sien) und verstümmelt (Tuan), aber einen vom Clane des Fürsten trifft keine Pallast-Strafe (Kung-hing, Castration).[1]) Wenn der Prozess beendigt ist, so berichtet der Beamte an den Fürsten (Kung). Bei einem Todes-Verbrechen sagt er: die Strafe des und des ist die grosse (Todes-) Strafe (Ta-pi); bei einem gewöhnlichen Verbrechen (Hing-tsui) sagt er: die Strafe des und des ist die kleine (Siao-pi). Der Fürst sagt dann: Ich verzeihe ihm. Der Gerichts-Beamte sagt wieder: Ihn trifft die Strafe; der Fürst sagt nochmals: Ich verzeihe ihm. Der Gerichts-Beamte sagt wieder: Ihn trifft die Strafe.

---

1) Auffällig ist, wie statt eines Prinzen dessen Diener bestraft warden. Nach Sse-ki B. 66 f. 5, S. B. 29, 104 hatte der Minister in Thsin Yang 361 neue Gesetze eingeführt. Nach einem Jahre waren wohl 1000 Menschen, welche die Gesetze für nicht angemessen erklärten. Unter den Personen, welche dieselben verletzten, war auch der Thronfolger. Yang sagte: Wenn die Gesetze nicht befolgt werden, ist es, weil die Höheren sie verletzen. Man nimmt den Thronfolger zum Muster, der Thronfolger ist der Sohn des Landesherrn, man kann über ihn die Strafe nicht verhängen; man strafe seinen Bevollmächtigten, den Prinzen Khien und seinen Lehrer, den Fürstenenkel Ku. Gleich am andern Tage, nachdem die Strafe an beiden vollzogen war, erklärten die Bewohner von Thsin mit der grössten Bereitwilligkeit sich für die neuen Gesetze. 4 Jahre darauf liess er den Prinzen Khien wegen einer neuen Uebertretung die Nase abschneiden. Nach Sse-ki B. 81. S. B 28 S 77 fg. hatte Tschau-sche in Tschau 270 v Chr. die Einsammlung der Abgaben. Das Haus des Prinzen von Ping-yuan weigerte sich, die Abgaben zu entrichten. Tschao-sche liess dem Gesetze gemäss 9 Personen, die für jenen die Geschäfte führten, hinrichten. Der Prinz war darüber so erzürnt, dass er ihn tödten lassen wollte. Dieser erklärte sich aber gegen ihn darüber so: Du bist ein angesehener Prinz, wenn du jetzt zugibst, dass dein Haus die Abgaben nicht zahlt, so werden die Gesetze zerschnitten, das Reich wird schwach und geht zu Grunde u s w. Der Prinz hielt ihn für einen weisen Mann, erzählte den Vorfall dem Könige, und dieser beauftragte Tschao-sche, im ganzen Reiche die Abgaben zu regeln. Den Fall in Tschao 670 nach Tso-schi Siang-kung Ao 3, S. B. 18 S 11 ' s. S. 768 Tso-schi Wen-kung Ao 11, S. B 15 S. 452 erzählt, wie der Fürst von Sung zu einer grossen Jagd in den Sümpfen, die der Fürst von Tschu bei einer Zusammenkunft veranstaltete, kein Feuerzeug, wie befohlen worden war, auf dem Wagen mitführte und Wu-wei dessen Diener peitschen und herumführen liess. Einige meinten, einen Landesherrn darf man nicht strafen, jener erwiderte aber: Ich handelte in Gemässheit meines Amtes. S auch S. B. 88 p. 243 aus der Geschichte der West-Han.

Nachdem so 3 mal verziehen ist, antwortet (der Fürst) nicht' mehr, dann geht (der Gerichts-Beamte) hinaus und die Bestrafung erfolgt durch den Thion-jin. Der Fürst aber sendet einen Mann nach und sagt: Trotzdem vergebe ich ihm (Tschi tschi). Der Gerichts-Beamte aber erwiedert und spricht: Es erreicht (die Verzeihung) ihn nicht mehr. Er berichtet dann (Fan ming) (über die Hinrichtung) an den Fürsten. Der Fürst in einfacher Tracht erhebt Keinen zu Aemtern und versetzt Keinen. Bei der Trauer um ihn trägt er kein Trauergewand (Fu); die Verwandten beweinen ihn.

Im Li-kiCap. Kio-li 1 f. 35 heisst es: die Strafe erreicht nach Oben nicht den Ta-fu. Diese Frage wird im Kia-iü 30 f. 15 vgl. Amiot Mém. T. 12 S. 161—165 weiter erörtert. Jen-yen, ein Schüler des Confucius, sagt da: Wie ich höre, hatten die alten Kaiser verordnet, dass die Strafe sich aufwärts nicht bis zum Ta-fu, die Bräuche (Li) abwärts sich nicht bis zum gemeinen Manne erstreckten, so dass, wenn ein Ta-fu ein Verbrechen begangen, er nicht bestraft werden konnte, wie der gemeine Mann nicht nach den Bräuchen regiert werden könne. Confucius aber erwiedert ihm: (Nein!) so sei es nicht. Wenn die Weisen nach den Gebräuchen ihr Herz lenkten, so zügelten sie es, dass sie selbst über ihr Verbrechen erröthéten. War daher im Alterthume ein Ta-fu nicht rein (Liang), sondern beschmutzt (Wu-wei) befunden, so nannte man es (nur nicht beim rechten Namen, sondern) drückte es aus: das Opfergefäss ist verunstaltet. Hatte er sich Ausschweifungen und Unordnungen zu Schulden kommen lassen, so sagte man: der Vorhang des Opferplatzes ist befleckt; hatte er gegen seine Obern sich verfehlt, so sagte man nur: Es zeigt nicht des Beamten Ordnung; hatte er Schuldige entschlüpfen lassen, so sagte man nur, die Unter-Beamten besorgten die Geschäfte nicht; verletzte er die Anordnungen im Reiche, so hiess es nur, er ist in seinen Geschäften nicht sorgfältig (Tsing). Hatte Jemand eins dieser 5 Verbrechen begangen, so klagte er sich selber deshalb an: bedeckte den Kopf mit dem weissen Hute, ordnete die Franzen daran, tauchte sein Schwert in eine Wasserschüssel, begab sich damit an die Pallastpforte und klagte sich selber des Verbrechens an. Der Fürst schickte dann einen Abgeordneten (Beamten), dieser fesselte ihn und führte ihn, um über ihn die Strafe zu verhängen. Hatte er ein grosses

Verbrechen begangen, so sandte der Fürst ihm den Befehl, sich zu tödten. Er kniete nieder, das Gesicht nach Norden gewandt und brachte sich selbst um (Tsou tsai). Sandte der Fürst keinen Mann, so ergriff er den Bogen, um sich zu tödten. So erstreckte sich die (gewöhnliche) Bestrafung nicht aufwärts bis zum Ta-fu, und dieser ging bei einem Verbrechen doch nicht frei aus. In der chinesischen Geschichte kommen viele Fälle vor, wo der Kaiser einem Minister oder Feldherrn ein Schwert sendet, und er sich selber umbringt.[1]) In Japan, wo sich die alten chinesischen Feudal-Einrichtungen noch bis jetzt erhalten haben, kommt dies noch vor; der Schuldige schlizt sich da den Bauch auf.

Die Hinrichtung und der Henker. Nachdem der Sse-keu das Urtheil gefällt hat, erhält der Hiang-sse es und vollzieht es am bestimmten Tage und stellt die Leiche 3 Tage aus nach Tscheu-li B. 36 f. 3; ebenso der Sui-sse im äusseren Distrikte nach B. 36 f. 6 und der Hien-sse nach B. 36 f. 10 fg. Die Hinrichtung fand nach Li-ki Cap. Wang-tschi 5 f. 7 v. p. 14 und Kia-iü 31 f. 16 v. auf dem Markte statt, dass das ganze Volk den Verbrecher verabscheue. Den Ta-fu Schao-tsching-mao liess Confucius als Sse-keu in Lu nach dem Kia-iü Cap. 2 f. 3 unterhalb der 2 Thorwarten (leang kuan hia) hinrichten und die Leiche 3 Tage lang ausstellen. Fand eine Todesstrafe statt,

---

1) Beispiele sind: Im J. 681 erhing sich Yuen-fan, ein Grosser von Tsching wo nach Tso-schi Tschoang-kung Ao 10, S. B. 13 S. 456; dem U-yün (U-tse-siü) sandte der König von U 484 ein Schwert, dass er sich tödte und er that es nach Tso-schi Ngai-kung Ao 11 f. 23, S. B. 27 S. 150; Pe-khi traf ein gleiches Loos in Tscho nach Sse-ki B. 79, S. B. 50 S. 269. Li-khe in Tsin hatte Hoei-kong auf den Thron erhoben, da er aber 2 Landesherrn und einen Grossen getödtet hatte, hiess er ihn sterben, und er stürzte sich 650 in sein Schwert nach Tso-schi Hi-kung Ao 10 f. 12 S. B. 14 S. 441 u. Sse-ki 39 f. 13, S. B. 43 S. 90. Im Sse-ki B. 48 f. 12 heisst es: Das Reich Tsin hat ein Gesetz (fa): Wer Unruhen erregt. (verdient) den Tod, darauf tödtete Ngan-iü sich selbst. S Fitzmaiers Geschichte von Tschao S 15. In Tschu hatte der Minister Tscho-khinen 675 nach Tso-schi Tschuang-kung Ao 19, S. B. 13, 456 dem Fürsten nachdrücklich Vorstellungen gemacht Da der Fürst ihm nicht folgte, bedrohte er ihn mit den Waffen. Jener fürchtete sich nun und folgte ihm. Der Minister sagte: Ich habe dem Landesherrn durch die Waffen Furcht eingeflösst, es gibt kein grösseres Verbrechen und schnitt sich darauf selber die Füsse ab und er wurde deshalb gerühmt. In U schneiden sich 3 Reihen Schuldiger (die die Kriegsgesetze verletzt hatten) Angesichts des Feindes, vor der Schlacht den Hals ab, dass das feindliche Heer (über diesen Muth) erschrickt. S. Tso-schi Ting-kung Ao 14 f. 23 v. S. B. 27 S. 136.

so meldete nach Tscheu-li 37, 4 (36, 12) der Kerkermeister (Tschangtsieu) es dem Kaiser, überreichte ihm den Bericht (Fung) und begab sich zur Audienz. Der Gerichts-Beamte (See) legte dem Verurtheilten das Halsholz um, — dies erwähnt schon der Y-king Schi-ho 21, 6 T. II. p. 48 — mit der Anzeige seines Verbrechens (ming kao). (Es war darauf nach den den Schol. sein Name, der seiner Familie und sein Verbrechen geschrieben. Die Vollziehung hatte der Vorstand jedes Distrikts, dem der Kerkermeister den Gefangenen auslieferte.) Er begab sich mit ihm auf den Marktplatz, wo die Todesstrafe an ihm vollzogen wurde. (Bei Beamten (tsio) und Mitgliedern der kaiserlichen Familie (wang tschi tung tso) aber vollzog sie, wie schon S. 772 gesagt, nach Tscheu-li 37, 5 und 4 f. 43 und Li-ki Wen-wang schi-tseu B. 8 f. 40 u. 42 der Intendant der kaiserlichen Domäne (Thien-sse).

Der Henker (Tschang-lo) hatte nach Tscheu-li 37, 5 fg. (36, 13) die Räuber und Verschwörer zu enthaupten (tschan), ihr Körper wurde zerstückt oben auf der Mauer ausgestellt. (Nach den Schol. wurden grosse Verbrecher mit der Axt, kleine mit dem Schwerte enthauptet.) Die ihre nächsten Verwandten (Thsin) (nach den Schol. bis zum 8. Grade, um die man 3 Monate trauert) getödtet hatten, verbrannte er (fen); die Verwandte des Kaisers getödtet hatten, hieb er in Stücken (ku). Die Leichen von Solchen, die Menschen getödtet, streckte er auf dem Markte aus und liess sie dort 3 Tage ausgestellt; ebenso bei Dieben, die auf dem Markte bestraft werden. Eine Ausnahme machten wieder nur die Beamten und die Mitglieder der kaiserlichen Familie. Aehnlich verfuhr man, wenn bei der Armee oder den grossen Jagden eine Hinrichtung stattfand.

Wenn eine Hinrichtung im Innern des Hauses stattfand (wie bei einem Mitgliede der kaiserlichen Familie), machte nach Tscheu-li 37, 29 der Feuerwart (Sse-hiuen-schi) die Grube mit der öffentlichen Anzeige, d. h. das Urtheil wurde oben daraufgeschrieben. Die Hinrichtung war nach den Schol. Nachts. Nach B. 21, 44 kamen die Leichen der durch die Waffen (das Schwert) hingerichteten nicht in die kaiserliche Gruft.

Die gewöhnlichen Hinrichtungen wurden, wie noch jetzt, im Herbste vorgenommen, dem Priucipe Yu zu entsprechen; im 2. Sommermonate dagegen wurden die Criminaluntersuchungen sistirt und keine Strafen vollzogen, das Princip Yn nicht zu begünstigen nach Li-ki Cap. Yuei-ling 6 p. 27. Nach Tso-schi Siang-kung hia f. 14 v. Ao 26, S. B. 18 S. 174 belohnten die Alten im Frühlinge und Sommer und bestraften im Herbste und Winter. Wenn sie belohnen sollten, liessen sie bei Tisch noch eine Schüssel mehr auftragen, wenn sie strafen mussten, liessen sie keine Gerichte auftragen und entfernten die Musik; hieraus lässt sich erkennen, dass sie sich scheuten, zu strafen. S. auch Li-ki Cap. Tsi-tung 20 S. 132 fg. Am Tage, wo der Richter Räuber hinrichten lässt, nimmt der Landesherr daher keine Speise zu sich nach Tso-schi Tschuang-kung Ao 20, S. B. 13 f. 459 und Tsching-kung Ao 2.

Die Verwendung der übrigen Verurtheilten. Die, welche im Gesichte schwarz gezeichnet wurden, mussten nach Tscheu-li 37, 8 (36, 14) die Thore (men), die, welchen die Nase abgeschnitten worden war, die Barrièren (kuan), die, welche die Palaststrafe traf, mussten das Innere desselben bewachen [1], die, welchen die Füsse abgeschnitten waren, mussten die kaiserlichen Parks (Yeu) bewachen — auch die Paläste und Thore nach Kin-iü 8 f. 17 fg., Schue-yuen und Han-fei-tseu im J-sse 95, 4 f. 12 v. fg., Tso-schi Tschao-kung Ao 5, S. B. 21, 160 und Ao 7 schang f. 37 S. 169 erzählt er, wie ein solcher Thorwächter Wu-jü's in Tschu Ao. 536 in den Palast des Königs entflohen war, er ihn aber mit Erfolg reklamirte. — Die (unverbesserlichen Gefangenen, die man nicht hinrichten wollte und) denen der Kopf geschoren wurde, mussten die Vorräthe bewachen. Vgl. den Schol. zu Li-ki Wang-tschi Cap. 5 f. 8.

Ueber die zu schimpflichen Diensten Verurtheilten standen besondere Aufseher (Sse-li) nach Tscheu-li 37, 9 (36, 15). Sie unterschieden ihre Sachen (Kleider, Geräthe) und hatten die Oberleitung; an ihrer Spitze verfolgten sie Diebe und Spitzbuben, führten schimpfliche Arbeiten in der Hauptstadt aus, schafften die Gegenstände zum Gebrauche der 100 Beamten herbei und hatten den Dienst in den Gefängnissen und

---

[1] Nach dem Tscheu-li B. 1 f. 20 fg. wurden vom ersten Ministerium 610 Verurtheilte beim Palastdienste (zur Fabrikation des Weins, Essigs, Broden oder Salzes u. s. w.) verwendet. Nach dem Li-ki Cap Wang-tschi 5 f. 6, auch in Kin-iü 31, 16 v., unterhielt das Haus des Kung (Fürsten) keine Sträflinge (lling-jin), der Ta-fu nährte keine, der Sse, wenn er Einem auf dem Wege begegnete, sprach nicht mit ihm.

bei Arrestationen, bei Opfern und beim Empfange von Gästen. Bei Leichenbegängnissen im Leben verrichteten sie die unangenehmen und unedlen Dienste (wie die Beerdigung der Leichen). An der Spitze der Verurtheilten aus den 4 fremden Nationen (Ti) liessen sie jede dieser Nationen das Costüm und die Waffen ihres Landes [1] (Pang) tragen, und hiessen sie im kaiserlichen Palaste und auf den Stationen des Kaisers im Felde die Polizei-Verordnungen aufrecht erhalten. Die zu niedrigen Arbeiten verurtheilten Verbrecher (Tsui-li) dienten den 100 obern Hof- und allen Aufsichts-Beamten und vollzogen die kleinen Arbeiten unter ihrer Leitung. Bei der Investitur eines Fürstenthums oder einer Domäne hatten sie die Ochsen (zum Transport) nach f. 11 zu führen und zu begleiten. (Dass sie auch beim Palastdienste verwendet wurden, scheint dem Schol. unwahrscheinlich.) Die männlichen (Staats-) Sklaven oder zu Strafarbeiten Verurtheilten unter dem Sse-li traten nach Tscheu-li 36, 48 (9) unter die Tsui-li, die weiblichen unter die Reisstampfer (Tschong-jin) und Arbeiter in trockenem Holze (Kao-jin). Höhere Beamte (Ming-sse), Alte über 70 Jahre und Kinder, die noch nicht gezahnt hatten, wurden nicht Staats-Sklaven. Die Verurtheilten aus den Süd-Barbaren (Man-li) (nach dem Schol., wie die 3 folgenden, Kriegsgefangene) halfen nach f. 37, 12 (36, 18) dem Vorsteher der Stutereien (s. B. 32 f. 39) die Pferde mit aufziehen. Die im kaiserlichen Palaste Verwendeten führten die Waffen ihres Reichs und bewachten den Palast damit[2]; (wenn der Kaiser seine Rundreise machte) draussen im Felde hielten sie die Polizei-Ordnung mit aufrecht. Die Verurtheilten aus den Südost-Barbaren (Min-li) halfen dem Tschang-hio (s. B. 30, f. 47) die Vögel aufziehen, zähmen und vermehren. Die Verurtheilten aus den Barbaren des Ostens (J-li) halfen den Hirten die Ochsen und Pferde mit füttern und mussten mit den Vögeln reden, deren Sprache sie verstehen sollten (s. Tso-schi Hi-kung Ao 29 f. 45); die den Palast mitbewachten, hatten die Polizei mit

---

[1] Nach dem Schol. tragen die aus dem Osten und Süden Kleider aus Zeug und einen Degen, die aus dem Norden und Westen Wollkleider und Pelze, Bogen und Pfeile.
[2] So sehen wir, wie die Barbaren (J) von Lai, welche Tsi unterjocht hatte, Ao 500 dem Fürsten als Leibwache dienten nach Tso-schi Ting-kung Ao 10 f. 20, S. B. 27 S. 133 und Kia-iü Cap. 2

aufrecht zu erhalten, so auch die Folgenden. Die Verurtheilten aus dem Nordosten (Me-li) dienten beim Zähmen wilder Thiere, zogen sie auf und fütterten sie.

Wirklicher Rechtszustand im alten China. Wir haben bisher im Texte vorzugsweise dargestellt, wie Gesetz und Recht im alten China sein sollte oder die Norm desselben angegeben. Man kommt aber zu ganz verkehrten Vorstellungen, wenn man — was bei europäischen Verhältnissen auch nur zu oft geschieht — den gesetzlichen und rechtlichen Zustand eines Volkes bloss aus den Bestimmungen der Gesetzbücher entnehmen zu können meint. Eine ganz andere Frage ist, ob und wie weit diese Gesetze im Leben wirklich beobachtet wurden, also die factischen Verhältnisse. Hier ist nun der Uebelstand, dass wir aus der Zeit der 1. und 2. D. und der Blüthe der 3ten fast gar keine detaillirte Geschichte haben. Die Chinesen nehmen an, dass in dieser Zeit die Gesetze in schönster Wirksamkeit bestanden haben. Es könnte sein, wie man ja auch sagt, dass man von einer guten Frau nichts zu erzählen weiss; es könnte aber auch sein, dass die Thatsachen nur nicht erhalten sind. Die Zeiten des Tschün-thsieu und die der streitenden Reiche (Tschen-kue) bis zum Untergange der 3. D., aus welcher wir Nachrichten haben, ist aber anerkannt eine Zeit des Verfalls der Institutionen und der Unordnung. Wenn einzelne gute Fürsten und weise Minister die alten Institutionen wieder herzustellen suchten, so zeigt dies nur den Verfall derselben, der vorherging. Wir haben schon gelegentlich, namentlich in den Noten, auf die sehr abweichenden factischen Zustände in dieser Zeit hingewiesen. Wir fügen zum Schlusse noch einige Thatsachen hinzu.

Zunächst die persönlichen Rechte betreffend. Kannte das alte China auch keine eigentliche Sklaverei, so waren doch die zu Strafarbeiten Verurtheilten, wie wir sahen, nicht viel besser daran. Die Ermordung einer Dienerinn zeigt folgende Geschichte. Ao 637, als der spätere Fürst von Tsin, der mit einer Tochter des Fürsten von Tsi verheirathet hier lebt, und der Plan von seinen Anhängern gemacht wird, dass er Tsi verlassen solle, erfährt die Wärterin der Seidenraupen, die auf einem Baume sich befand, den Plan und meldet es ihrer Herrin, seiner Frau. Die tödtet die treue Dienerin (dass der Plan nicht ruchbar werde) ohne

dass der Thäterin etwas geschieht. S. Tso-schi Hi-kung Ao 23 f. 23 v., S.
B. 14 S. 464 und See-ki B. 39 S. 18 v., S. B. 43 f. 105. Auch gegen Kriegs-
gefangene wurde später oft grausam verfahren; so liess nach See-ki B. 81,
S. B. 28 S. 82 im J. 260 der Feldherr von Thsin angeblich 400,000 aus
Tschao, die er gefangen hatte, sämmtlich verschütten!
 Wenn das Gesetz nur von der Liebe des Vaters zum Sohne spricht,
finden wir in der Wirklichkeit, wie z. B. nach She-ki B. 37 f. 9 v..
Siuen-kung von Wei (seit 712), durch seine 2. Frau verleitet, Räuber
dingt, um seinen Erbprinzen Khi zu überfallen und zu ermorden, damit
ihr Sohn auf den Thron gelange; und andererseits, wie ein Sohn seinen
Vater, Wu-ling von Tschao (295 v. Chr.), der ihm den Thron abgetreten,
belagert und Hungers sterben lässt nach See-ki B. 43 f. 30 fg., während
das Gesetz das Gebot der Pietät auf's Aeusserste schützen will. Die
scharfe Trennung der Geschlechter sollte alle geschlechtlichen Ausschweifungen hindern. Trotz dieses Verbotes reist Huan-kung von Lu
mit seiner Frau in demselben Wagen nach Tsi; ihr älterer Bruder, der
Fürst Siang-kung von Tsi, begeht mit seiner Schwester dort Blutschande,
und als ihr Mann es ihr verweist, meldet sie es ihrem Bruder; der ver-
anstaltet nun ein Opfer und lässt einen Prinzen seines Hauses, den Fürsten
von Lu, mit dem er fuhr (694), im Wagen erdrücken nach Tso-schi,
Huan-kung Ao 18, S. B. 13, 447. Ebenso pflegte Hiang von Tsin mit
einer Nebengemahlin Wu-ki's von Thsin (666) verbotenen Umgang, nach
Tso-schi Tschuang-kung Ao 28, S. B. 13, 465 [1]). Nach Tso-schi Huan-
kung Ao 2 f. 1 , S. B. 13 f. 431 machte 710 Hon-fu, der Regierungsvorsteher
(Ta-tsai) in Sung, einen Angriff auf den Kriegsminister, dessen Gattin
er auf der Strasse gesehen hatte, tödtete ihn und raubte seine Gattin;
der Fürst zürnte (und wollte ihn strafen). Hoa-fu fürchtete sich
und tödtete den Fürsten Schang, setzte dafür den Fürsten Tschuang
ein und wurde dessen Minister. Es sollte eigentlich Einer keine Frau
mit demselben Familiennamen (Sing) heirathen, wenn die Familien sich
auch noch so ferne standen. Die Fürsten umgingen aber diese Vorschriften, indem sie der Frau, die sie heirathen wollten, einen verschiedenen Familiennamen gaben. So Tschao-kung von Lu, als er eine Frau

---

1) Beide Geschichten fehlen in meinem Tso-schi.

aus U nahm, nach Li-ki Cap. Tsa-ki hia 21 f. 84 v., vgl. Tso-schi Tschao-kung Ao 1, f. 11, S. B. 20 S. 530. So heirathete auch z. B. der Fürst von Tsu die Wittwe eines Fürsten von Si, dessen Reich er 683 vernichtet hatte, nach Tso-schi Tschuang-kung Ao 11, S. B. 13 S. 457, was ebenfalls nicht sein sollte. Den ungestraften Mord seiner Frau zeigt folgende Geschichte. U-khi aus Wei wollte, als Tsi Lu 394 v. Chr. angriff, Feldherr in Lu werden; man traute ihm aber nicht recht, da er eine Frau aus Tsi hatte. Da ihm aber Alles daran gelegen war, sich einen Namen zu erwerben, tödtete er seine Gattin und wurde nun von Lu zum Feldherrn ernannt, nach Sse-ki B. 65 f. 5, S. B. 30 S. 267. Er tödtete auch 30 Menschen, die ihn geschmäht hatten.

Dass die alte Vertheilung der Ländereien zu Meng-tseu's Zeiten bereits in Verfall gerathen war, ist schon S. 695 erwähnt. Wie wenig der wirkliche Zustand den schönen Polizeiverfügungen oft entsprochen haben mag, davon ist die Hauptstadt von Tsin 542 ein Beispiel. Bei Tso-schi Siang-kung Ao 31, f. 28, S. B. 20 S. 505 sagt Sse-wen-pe: „Weil in unserer niedrigen Stadt Regierung und Strafen nicht geordnet sind, wimmelt es bei uns von Räubern. Wir können die Angehörigen der Fürsten des Reichs, die zur Aufwartung kommen, nicht schützen; desshalb heissen wir sie das Haus, das sie bewohnen, selbst fest verwahren, dessen Thore höher bauen und dessen Ringmauern verstärken, damit die Gesandten nicht leiden." Unter Tschao-kung hia Ao 20, f. 18 v. u. 19, S. B. 25 S. 93 fg., werden die Zustände in Tsi 520 noch trauriger geschildert: „Hohe Terrassen, tiefe Gräben, Musik, Glocken und Tänzerinnen (welche der Fürst hielt) rauben die Kraft des Volkes; — man kümmert sich nicht um die folgenden Geschlechter; es herrschen Grausamkeit und Bedrückung. Ausschweifung und Nachlässigkeit; man begeht absichtlich gesetzlose Handlungen und kennt weder Umkehr noch Scheu. Man achtet nicht auf die Schmähungen und schämt sich nicht vor Göttern und Geistern. Diese empfangen nicht ihre Opfer. — Die Angestellten beim Forstwesen (heng-lo) bewachen das Holz der Bergwälder, die der Schiffe und Nachen selbst die Binsen und das Rohr der Sümpfe, die Messbeamten das Reisholz und die dürren Pflanzen der Dickichte, die Angestellten beim Opfer und den Gebeten die Krabbe und Muscheln des Meeres (so dass das Volk von alle Dem nichts erhält). Die Menschen der Bezirke und Gränzstädte (hier u. pi) schliessen sich an die Regierung. An den Schlagbäumen fordern sie mit Härte, was ihnen zusagt; die Grossen des Reichs verführen mit Gewalt ihre Güter, kennen bei der Regierung keine Ordnung, treiben ein ohne Mass. Die Paläste und innern Häuser werden täglich erneuert; Ausgelassenheit und Freude kennen da keine Gränzen. Die begünstigten Nebengemahlinnen entnehmen eigenmächtig Waaren auf den Märkten; die begünstigten Minister missachten die Befehle in den Gränzstädten, begehren was sie wünschen, und wird es ihnen nicht gegeben, so wissen sie es zu vergelten. Das Volk ist missmuthig und gekränkt, Männer und Weiber verfluchen sie." Der Fürst soll dann sich etwas gebessert haben. Vgl. auch Meng-tseu 1, 2, 4 p. 21 u. §. 12 p. 30.

Vom willkürlichen Verfahren der einzelnen Vasallenfürsten nach dem Verfalle der Kaisermacht, welches freilich öfter auch zu ihrem eigenen Verderben ausschlug, erzählt die Geschichte viele Beispiele. Hier nur ein Paar. Als ein Beispiel der Grausamkeit eines Vasallenfürsten der Zeit, welcher dafür freilich auch seinen Lohn erhielt, führen wir das von Ling-kung von Tsin (620—607 v. Chr.) an. Nach Tso-schi, Siuen-kung Ao 2 f. 3, S. B. 17 S. 15 und Sse-ki B. 39 f. 10—33, S. B. 43 S. 129—133 schoss er (607) mit einer Armbrust von der Höhe der Terrasse nach den Menschen. Sein Koch hatte Bärentatzen gesotten (in China eine Leckerei), die nicht weich geworden waren; er tödtete ihn, legte ihn in einen Korb und liess ihn durch ein Weib wegtragen; seine Minister sahen aber dessen Hand, und der eine, Sse-hoei, machte ihm desshalb Vorstellungen. Der Fürst sprach: Ich weiss, worin ich gefehlt habe, ich werde mich bessern. Es geschah aber nicht. Nun machte der andere, Tschao-tun, ihm Vorstellungen. Der Fürst hiess einem Krieger ihn umbringen. Als der aber Morgens, da er ihn ermorden wollte, den Minister sorgsam sein Amt verwaltend fand, stiess er sich lieber selber den Kopf gegen einen Pfeiler ein, dass er starb. Der Fürst lud den Minister nun zu Tisch und wollte ihn durch Gepanzerte überfallen lassen. Aber der Wagengenosse des Ministers eilte herbei, es sei gegen die Bräuche, dass der Minister bei einem Feste des Fürsten mehr als 3 Becher trinke und riss ihn so mit fort. Der Fürst hetzte nun einen Bullenbeisser auf ihn; der Wagengenosse des Ministers packte den aber und tödtete ihn. Die im Palaste verborgenen Krieger kamen dann hervor,

der treue Wagengenosse fiel, der Minister entkam aber, mit Hülfe eines
der Krieger, den er früher in seiner Noth unterstützt hatte. Der Minister
entfloh nun. Als er aber noch nicht über die Landesgränze hinaus war, wurde
der Fürst von dem Halbbruder des Ministers ermordet. Der Minister kehrte
hierauf zurück, und da er seinen Halbbruder, den Fürstenmörder, nicht
hinrichten liess, schrieb der Hofgeschichtschreiber von Tsin nieder:
Tschao-tün tödtete seinen Landesherrn und Confucius rühmte ihn: „das
war ein guter Geschichtschreiber der alten Zeit; er schrieb nach der
Vorschrift, ohne etwas zu verheimlichen." Von dem Uebermuthe Li-kung's
von Tsi (674) u. Tso-schi Tsching-kung Ao 17, S. B. 17, 310 fg. Ao 614
gerieth J-kung von Tsi noch als Prinz mit dem Vater Ping-jung's wegen
der Beute in Streit. Nachdem er 612 den Thron bestiegen, liess er ihm
die Füsse abschneiden und verwendete dessen Sohn als Wagenlenker.
Einem andern Grossen, Yung-tschi, hatte er seine Frau genommen und
verwendete ihren Mann dann als Dritten im Wagen. Beide Genossen
neckten einmal einer den andern wegen Dessen, was ihnen und ihrer Familie
begegnet war, kamen dann aber überein und ermordeten den Fürsten 608
nach Sse-ki B. 32 f. 15 v., S. B. 40 S. 672. Wie 550 Thsui-tschü zwei Geschichtschreiber tödten liess, weil sie den Mord, den Jener am Fürsten
begangen hatte, in der Geschichte aufzeichneten, ist nach Sse-ki B. 32
f. 20, S. B. 40, S. 682 schon S. 755 erwähnt. Dagegen vernichtete der Sse-
ken in Tschao fast diese ganze Familie wegen Ermordung des Fürsten
nach Sse-ki B. 43 f. 4 v. S. Pfitzmaier, Geschichte von Tschao S. 6 fg.

Ein Beispiel der Beamtenwillkür ist noch im Sse-ki B. 32 f. 16,
S. B. 40 S. 674: Ao 593 kam der Heerführer von Tsin, Khie-khu,
als Gesandter nach Tsi. Ein Weib, nach Einigen die Mutter des Fürsten,
verlachte ihn, hinter dem Vorhang versteckt, wegen seiner buckeligen
Gestalt. Er schwur beim gelben Fluss, sich zu rächen, und verlangte
vom Fürsten von Tsin, dass er Tsi angreife, und da der nicht wollte,
liess er 4 Mitglieder einer Gesandtschaft von Tsi in Tsin festnehmen
und tödten. Als der Landesherr von Mong-tschang 298 v. Chr. nach
Tschao kam, zogen nach Sse-ki B. 75 f. 5, S. B. 31 S. 75 die Bewohner,
zu denen sein Ruf gedrungen war, hinaus, ihn zu sehen. Als sie aber
den Fremdling erblickten, brach das ganze Volk in ein Gelächter aus
und rief: Wir glaubten immer, er sei ein Mann von grosser, stattlicher

Gestalt, und wir sehen jetzt nur ein winziges Männchen. Darüber gerieth er in Zorn, und die ihn begleitenden Gäste stiegen von den Wagen, fielen über das Volk her, erschlugen einige 100 Menschen und zerstörten den ganzen Ort. Ein Seitenstück dazu ist Sso-ki B. 76 f. 1, S.B. 31 S. 88: Der Landesherr von Ping-ynan, ein Bruder des Königs Hoei-wang von Tschao (298 fg. v. Chr.), sah in seinem Hause mehrere 1000 Gäste. Einst kam ein lahmer Mann, am Brunnen Wasser zu schöpfen. Eine seiner Schönen, die vom obern Stockwerke herabsah, verlachte ihn laut. Den nächsten Tag erschien der Lahme am Thore des Prinzen und verlangte ihren Kopf; der Landesherr sagte es lachend zu, dachte aber nicht daran, es auszuführen. Darauf verliessen ihn alle seine Gäste, weil er für eine Schöne eingenommen, seine Staatsdiener gering achte, bis er sie enthaupten liess und sich bei dem Beleidigten entschuldigte, worauf sich dann seine Gäste wieder einstellten.

Wir schliessen mit 2 Criminalgeschichten, welche einen Blick in die chinesischen Rechtsverhältnisse zur Zeit des Verfalls der 3. D. Tschen thun lassen. Tso-schi Tschao-kung Ao 1 f. 7 v., S. B. 20 S. 524 fg. erzählt: Tseu-nan, der Enkel Mo-kung's von Tsching, und Tseu-si (ein anderer Fürsten Enkel) freiten um die schöne Schwester eines Grossen, Siü-ngu-fan's. Mit ihrer Bewilligung liess der Vater dem Mädchen die Wahl zwischen Beiden. Tseu-si erschien in reichem Schmucke, breitete seine Geschenke aus und entfernte sich; Tseu-nan erschien im Kriegskleide, schoss einen Pfeil rechts und einen links ab, sprang auf seinen Wagen und entfernte sich. Die Schöne hatte sie von ihrem Gemache aus gesehen und sprach: Tseu-si ist wirklich schön, aber Tseu-nan ist ein Mann. „Der Mann ein Mann, das Weib ein Weib," das nennt man eine rechte Verbindung. So wurde sie Tseu-nan's Frau. Tseu-si, erzürnt, nahm einen Bogen, legte einen Panzer an und besuchte Tseu-nan, in der Absicht ihn zu tödten und seine Gattin zu rauben. Tseu-nan merkte dies aber, ergriff eine Lanze und vertrieb ihn; in einem Durchgange traf er ihn mit der Lanze und verwundete ihn. Tseu-si kehrte zurück und klagte bei den Grossen, er habe seinen Gegner nur freundschaftlich besuchen wollen. Die Grossen pflegen darüber Rath. Tseutschan (der Minister) sprach: Das Recht ist auf beiden Seiten gleich, hat aber der Jüngere und Niedere die Schuld, so trifft sie Tseu-nan.

Er liess ihn daher festnehmen und gab ihm einen Verweis. Er sprach: Der grossen Gebote in den Reichen sind fünf. Du hast sie sämmtlich übertreten: Man fürchte die Macht des Landesherrn; man gehorche seiner Regierung; man ehre die Höheren; man diene den Aelteren; man schätze die Verwandten. Durch diese 5 Dinge regiert man die Reiche. Jetzt ist der Landesherr im Reiche und du machst von den Waffen Gebrauch, du fürchtest nicht seine Macht. Du übertrittst die Gesetze (indem du Tseu-si tödten wolltest) und gehorchst so nicht der Regierung; Tseu-si ist der höhere Grosse, du bist der niederere; du ehrst nicht die Höheren. Du bist der Jüngere und dienst nicht dem Aelteren. Du verletzest mit den Waffen deinen ältern Vetter und schätzest so nicht die Verwandten. Der Landesherr lässt dir sagen: ich bringe es nicht über mich, dich hinrichten zu lassen, ich begnadige dich zur Verbannung. Wandere schleunig aus, deine Schuld nicht zu verdoppeln, und Tseu-nan that es.

Die zweite Geschichte erzählt Tso-schi Tschno-kung hia Ao 14, f. 1 fg., S. B. 25 S. 62 fg.: Der Fürst von Hing in Tsin stritt lange mit Yung-tseu um die Felder von Tscho. Der Richter Sse-king-pe trat eine Gesandtschaftsreise nach Tschu an; Han-siuen-tseu (der Minister in Tsin) hiess Scho-ju den Streit schlichten. Das Unrecht war auf Seite Yung-tseu's. Der aber gab Scho-jü seine Tochter und dieser vernichtete darauf das Urtheil und gab dem Fürsten von Hing Unrecht, der erzürnt Scho-jü sammt Yung-tseu am Hofe tödtete. Der Minister frugte Scho-hiang in Betreff der Schuld. Dieser sprach: das Verbrechen der 3 Menschen ist gleich; man sühne das Verbrechen am Lebenden und verhänge die Strafe über die Todten. Yung-tseu wusste, dass er Unrecht hatte, und nahm doch seine Zuflucht zur Bestechung und erkaufte das Recht. Scho-ju verkaufte seinen Rechtsspruch. Der Fürst von Hing tödtete eigenmächtig. Ihr Verbrechen ist dasselbe. Wer bereits ein Bösewicht (ngo) sich einen guten Ruf verschaffen will, verdunkelt (hoen das Recht); wer durch Habsucht sein Richteramt schändet, ist unlauter (mo, geschwärzt); wer Menschen ohne Scheu tödtet, ist ein Mörder (tse). Im Buche der Hia heisst es: Der (das Recht) verdunkelt, der Unlautere, der Mörder werden hingerichtet. So lautet das Gesetz Kao-yao's; ich bitte dem Gesetze gemäss zu handeln. Hierauf sühnte man das Verbrechen am Fürsten von Hing und stellte die Leichen Yung-tseu's und Scho-jü's zor Schau auf dem Markte aus. Confucius rühmte die Redlichkeit Scho-hiang's, die ein Vermächtniss der alten Zeit sei; indem er das Reich ordnete und die Strafen bestimmte, verdeckte er nichts bei seinen Verwandten.

Inhalt

von Dr. Plath's Abhandlung: Gesetz und Recht im alten China.

Vorbemerkung. China gilt von Alters her für einen gesetzlich geordneten Staat, es hat sich aber kein altes Gesetzbuch erhalten. Schwierigkeit deshalb einer Darstellung von Gesetz und Recht im alten China, zumal das Gesetz dort das ganze Leben umfasste. Daher Beschränkung auf die Civil-, Polizei- und Straf-Gesetzgebung. S. 673 fg.

Die **Einleitung** erörtert 4 Vorfragen: *1)* *Wer erliess die Gesetze?* Ursprünglich sollte alle Gesetzgebung vom Kaiser ausgehen; beim Verfalle der Kaisermacht usurpirten aber die Vasallenfürsten die gesetzgebende Gewalt. *2) Die Gesetzesclasse.* Die gesetzlichen Verordnungen wurden früh auf Tafeln von Bambu aufgeschrieben; doch scheint es ursprünglich keine Strafgesetzbücher gegeben zu haben, sondern es scheinen nur einzelne Verordnungen erlassen und erst beim Verfalle der Dynastien die Gesetze zusammengestellt worden zu sein. So wird später ein Gesetzbuch der 3 D. der Tschou erwähnt; es war aber unter der D. Han 178 v. Chr. bereits verloren. *3) Die Publikation der Gesetze und Erlasse.* Die Gesetze dem Volke gehörig bekannt zu machen, darauf wurde immer gehalten; jeder Beamte verkündete die Erlasse, die seine Amtssphäre betrafen, dem Volke, das mit einer Glocke zusammen gerufen wurde und hing dann die Tafel mit der Verordnung eine Decade (10 Tage) auf. *4) Die Vollziehung der Gesetze* und auch die Rechtsprechung hatten nicht der Kaiser und die Fürsten persönlich, sondern sie waren einer Reihe von Beamten, jedem in seiner Sphäre, übertragen und diese hielten auch darauf, dass ihre Untergebenen sie vollzogen. S. 677—688.

I. Das Civil- oder Privat-Recht.

Das *Personenrecht* betreffend, kannte das alte China *keine Privatsclaverei*, nur Staats-Sclaven, d. h. auf Zeit zu öffentlichen Arbeiten verurtheilte Verbrecher; die Privatsclaven kamen erst unter der s. D. Han auf; als nach dem Elende, in Folge der ungeheuren Kriege, den Eltern erlaubt wurde, ihre Kinder zu verkaufen. (Ueber einige Stellen, wo schon früher Sclaven erwähnt zu werden scheinen.) Wegen der *Eheverhältnisse* und der gänzlichen *Abhängigkeit der Frau vom Manne* und *des Sohnes vom Vater* wird auf eine frühere Abh. des Verf. verwiesen. S. 688—690. Das *Sachenrecht* hat in China nie die Bedeutung erlangt, wie in Europa. Das alte China kannte *kein Privateigenthum am Grundbesitze*. Alle Ländereien waren Staatseigenthum und der Staat gab einer Anzahl Familien, jeder z. B. 100 Morgen, unter der Bedingung eine gleiche Anzahl für den Staat, zum Unterhalte der Beamten, gemeinsam zu bearbeiten. Verschiedene Systeme deshalb unter den

3 Dynastien und Beleuchtung der verschiedenen Angaben darüber Untersuchung wie lange dieses System in China gedauert hat. Zu Meng-tsen's Zeiten schon in Verfall oder antiquirt, bildete sich seit Thsin Schi-choang-ti das System des Privateigenthums immer mehr aus. S. 690—697. Bei diesem Verhältnissen das Grundeigenthums waren der *Gerichtsbestimmungen* über das Sachen- und Vertragsrecht daher dort verhältnissmässig nur wenige. Zusammenstellung der Angaben darüber. 2 Geschichten über die *Sicherheit des Privateigenthums* im alten China. Der Fürst von Tsching hatte 806 mit den Kaufleuten seines Landes einen förmlichen Vertrag zur Sicherung ihres Eigenthumes geschlossen. Ueber die verschiedenen Arten von Verträgen unter den Bürgern: Art der Abschliessung derselben: beschworne Verträge, und Entscheidung von Streitigkeiten, die darüber entstanden. (Auch die einzelnen Staaten unter ihren Fürsten schlossen unter sich und mit den Kaisern Staats-Verträge ab, ebenso mit den Barbaren) S. 697—703. §. 689—703.

II. Unter der Polizeigesetzgebung

werden alle Verordnungen begriffen, welche nicht Privatrechts-Verhältnisse noch Criminalsachen betreffen *Organisation des Volks* in verschiedenen Abtheilungen; umfassende Thätigkeit der Regierung und Erstreckung derselben auf alle Verhältnisse des Lebens. Verschiedene Eintheilung des Volkes zum Behufe des Kriegswesens und Organisation desselben in den äusseren und inneren Distrikten zur Vertheilung der Frohnden. Wiederholte *Zählungen des Volkes*, nicht nur der Männer, sondern auch der Frauen und Kinder, der Gebornen, der Gestorbenen, der Zahl der Hausthiere, Kriegswagen, Karren u. s. w. *Beförderung der Ehen* unter einem eigenen Beamten, dem Mei-schi, der auch Ehestreitigkeiten schlichtete. S 703—709. Die einzelnen *Polizeibeamten* und deren **Thätigkeit**. Die *Berginspectoren* über die Bergwälder, das Fällen des Holzes; die *Waldaufseher*, die *Aufseher über die Wasserläufe und die Triebe* und deren Wirkungskreis. Die *Feld-, Wege-* und *Strassenpolizei*. Die verschiedenen Landabtheilungen waren immer nach ihrer Ausdehnung von kleineren und grösseren Wasserkanälen und Gräben umgeben, am Rande mit Fusssteigen, Wegen, Chausseen und Landstrassen. Die Breite und Tiefe der Kanäle war genau bestimmt, die Wege mit Bäumen bepflanzt, hatten in bestimmten Entfernungen kleinere und grössere Herbergen. Die *Vorsteher der Wege und Baraken* hatten nun diese in Ordnung zu erhalten. Die Städte hatten *Quartierpförten* mit besonderen *Aufsehern*. Andere Beamte hatten für die Reinlichkeit der Strassen zu sorgen; wenn einer auf dem Wege starb, ihn zu beerdigen und seine Kleider und Geräthe auszustellen, dass seine Angehörigen sie reclamiren konnten. *Die Vorsteher der Dämme* hatten die Aufsicht über die verschiedenen Kanäle, Teiche und Parks; besondere Beamte noch eine *Wasserpolizei*. Näheres über die *Jagd-* und *Feldpolizei*, zum Schutze der jungen Brut; Beschränkung des Fischfangs und der Jagd auf die passenden Zeiten. Die Frohnden sollten die Feldarbeiten des Volkes nicht hindern. Verschiedene Beamte zur Abhaltung und Vernichtung wilder und schädlicher Thiere und Pflanzen, zum Theil mittelst Beschwörungen, so dass die Polizei im alten China mit dem Aberglauben im Bunde war. S. 709—717. Die **Marktpolizei**. Die Anordnung eines altchinesischen Marktplatzes. Die Thätigkeit des *Markt-Wartes* 3 Märkte; der Hauptmarkt Nachmittags für das Volk, der Morgen-Markt für die Händler, der Abend-Markt für die Wiederverkäufer. Auch den ganzen Handel auf dem Markte wollte *der Staat leiten*, indem er dafür sorgte, dass es nicht an Vorräthen fehlte, den Ueberfluss aber abnahm und zum Markt-Preise ohne Gewinn wieder ablasend. Die 14 *Markt-Verdate*, was Alles auf dem Markte nicht verkauft werden durfte. Die *Strafen* auf dem Markte. Die untergeordneten *Marktbeamten* und deren Thätigkeit; Der *Garantien-Mann* hatte unter sich die Verträge; — verschiedene Arten derselben; den Termin der Erfüllung. — und hörte die Klagen, die diese betrafen. Der *Budenmann* erhob die Markt-Abgaben, das Hundengeld und das Strafgeld. Die *Vorstände der Gehäfen* überwachten die Güte der Waaren und entschieden kleine Sachen und Streitigkeiten. Die *Vorstände der mashaften Kaufleute* untersuchten den Werth der Waaren, bestimmten den

Preis derselben und verboten bei Calamitäten ihn zu erhöhen. Die Beamten gegen Gewaltthätigkeiten hielten auf Ruhe und Ordnung; die *Aufseher* patrouillirten und ergriffen Diebe und Spitzbuben; die *Gehilfen* liessen zur rechten Zeit die Betreffenden aus- und eingehen; die *Bodenvorstände* beaufsichtigten ihre Gruppe von Buden und sorgten für die passende Aufstellung der Waaren; der *Magazin-Vorsteher* sammelte endlich die nichtverkauften Waaren zum Preise, den sie kosteten, um sie ohne Aufschlag wieder abzugeben. Auf wie lange die Waaren creditirt wurden. Die *Thorvorsteher* hatten die Oeffnung und Schliessung der Thore, die Visitation und den Zoll von den einpassirenden Waaren; die *Barrieren-Vorsteher* verificirten die Erlaubnissscheine, deren es zum Verkaufe bedurfte; verbotene Waaren oder die nicht durch die Barrieren giengen, sondern eingeschmuggelt wurden, confiscirten sie. S. 717—726.

Das Passwesen und die Passpolizei unter den Passbeamten. Verschiedene Arten von Pässen; ohne Pass wurde keiner zum Thore hinausgelassen; auch die Quartiere der Stadt waren durch Thore abgesperrt und wurden durch die Bewohner des Quartieres bewacht. Ohne Pass konnte keiner hinaus; zog einer um, so begleitete der Vorstand der Gruppe von fünf ihn, und übergab ihn seinem neuen Vorsteher. S. 726—728.

Nachtwachen, Feuer- und Sicherheitspolizei. Nachtwächter; Feuerverbote; Hinderung von Todtschlägen und Verwundungen durch besondere Polizeibeamte; Läufer, die den Wagen des Kaisers und der Vasallenfürsten begleiteten; besondere Beamte, die das Lärmen, Singen und Schreien in den Strassen der Hauptstadt zu hindern hatten. S. 728 fg. N. 708—729.

III. Die Criminal-Gesetzgebung.

Vorurtheil einiger alten Chinesen, dass vor *Altern*, zur Zeit der grossen Gemütlichkeit, unter den 3 Hoang und 5 Kaisern (U-ti) die *5 Strafen* noch nicht angewandt worden seien; Widerlegung dieser Meinung. *Grundideen der chinesischen Strafgesetzgebung*. Im Alterthum waren nach Confucius der Strafen wenige; man belehrte das Volk. Die grausamen Strafen der letzten Kaiser der 1. und 2. D. veranlassten deren Sturz mit. (S. 727—731.) *Zweck und Nothwendigkeit der Strafen;* sie sollen abschrecken vom Bösen, wenn äussere Gegenstände beim Menschen Gelüste erregen und die Gebräuche, die Musik und die Gesetze nicht genügen, ihn zu zügeln. *Grund der Verbrechen, Vorbeugung derselben, Verhalten dabei*. Der Chinese betrachtet das Verbrechen nicht isolirt. Das Volk muss vor Allem zu leben haben und unterrichtet werden, sonst verfällt es in allerlei Ausschweifungen, wird Dieb, Räuber, Empörer u. s. w. Der Fürst hat also durch eine gute Regierung zunächst dafür zu sorgen; thut er das nicht und will nur durch Strafen herrschen, so heisst das dem Volke nur Fallen legen. *Schriften* der alten Chinesen *über Gesetze*. S. 731—735.

Von den Vergehen und Verbrechen überhaupt und im Einzelnen. Verschiedene chinesische *Ausdrücke für Vergehen* und *Verbrechen;* Unterscheidung zwischen *unabsichtlichen* Vergehen und *absichtlichen* und *unverbesserlichen Verbrechern* Sonderbare fünf *Entschuldigungsgründe* Kaiser Mo-wang's bei Vergehen. Die Alten erwähnen 3000 und 2500 Verbrechen, wir kennen aber die einzelnen nicht. *Vage Bestimmungen* über einzelne Vergehen und Verbrechen. Ein kleiner Betrug im Handel auf dem Markte, der nicht ⅒ betrug, wurde nicht bestraft, dagegen waren verpönt 6 Handlungen. Impietät, Mangel an brüderlicher Liebe, an Amtstreue, an Menschenliebe u. s. w. Der *Friedensrichter* schlichtete Zwistigkeiten unter dem Volk; wegen Feindschaft gegen den Vater, jüngerer Brüder gegen den älteren, gegen die Oheime u. s. w. erkannte er auf Verbannung. *Vage Bestimmungen*, angeblich von Confucius, über die fünf grossen Verbrechen: ein widerspenstiges Herz, ein gemeines Betragen u. s. w., die für viel schlimmer galten, als Raub und Diebstahl. (Anekdote von der *Schlankheit eines Diebes* 599 v. Chr. und *Häufigkeit der Räuber* in China 558 v. Chr.) Ebenso galten dem Confucius angeblich für weit grössere Verbrechen als die Tödtung eines Menschen, das Widerstreben gegen Himmel und Erde, Verläumden von Wen-wang und Wu-wang (dem Stiftern der 3. D. und ihren Einrichtungen) u. s. w. Seine angebliche Erklärung gegen seinen Schüler Tschung-kung über die *5 Verbote* im Kia-yü. *Verwirrte Rechts-*

789

Begriffe später bei den Usurpationen in den einzelnen Reichen. Die *Impietät*, der Mangel an Respect gegen den ältern Bruder gilt für ein besonders schweres Verbrechen. Merkwürdiges Recht des *Aufstandes* gegen Tyrannen und Recht den Fürsten abzusetzen, wenn er die Gesetze verletzt. Man vermisst bei den Chinesen alle bestimmte Definition der einzelnen Verbrechen, wie sie denn die Logik nie ausgebildet haben. S. 735—743.

Die **Bestrafung** der kleinen oder Polizei-Verbrechen durch den See-kien, mit Verweis, Bastonade (?), Gefängnisstrafe mit Zwangsarbeiten. Näheres über das *Central-Gefängniss*, die Gefängnisaufseher, die Kerkerknechte, die Hals-, Hand- und Fussfesseln und die Behandlung der Gefangenen nach der Entlassung aus dem Gefängnisse. S. 743—745.

Die **5 Hauptstrafen**: Schwärzung, Abschneiden der Nase, der Füsse, die Pallast-Strafe oder Castration und die Todesstrafe. *Andere Strafen*, die gelegentlich noch erwähnt werden, das Ohrenabschneiden, Handabhauen, Durchbohren der Ohren mit einem Pfeile. Besondere grausame Strafen einzelner Tyrannen: das Umfassen einer glühenden Säule, Viertheilen, Einsalzen, Sieden u. s. w. *Gelindere Strafen*, die Peitsche, der Stock, die Verbannung. Verschiedene Fälle des Loskaufens, — wenn die Anwendung der 5 Hauptstrafen zweifelhaft war, durch Bussen, die mit der Schwere der in Frage stehenden Strafe stiegen. *Wie viele Verbrechen unter den verschiedenen D. mit Schwärzung, Nasenabschneiden, Abschneiden der Füsse, Pallast-Dienst oder Castration und Todesstrafe belegt gewesen sein sollen*. Ueber die *Ausdehnung der Todesstrafe* auf die *Angehörigen*, (die 3 Seitenlinien). Auf welche *einzelnen Verbrechen die verschiedenen Strafen* standen, darüber haben wir nur wenige Nachrichten. Diese werden vom Vf. zusammengestellt. Die Unbestimmtheit der Chinesen in den Bestimmungen über Vergehen und Verbrechen liess in der Hand von Despoten die grausamen Bestrafungen in's Leben treten. Verschiedene *Bestrafungen des Meinrides*. Eine Angabe des Scholiasten des Tscheu-li über die Anwendung der 5 Strafen auf einzelne Verbrechen. Vielfache Anwendung der Todesstrafe; *Willkühr bei Verhängung der Todesstrafe zur Zeit des Tschhün-thsiru. Handabhauen* als Strafe der 2. D. Yn, wenn einer heisse Asche auf die Strasse warf. *Häufigkeit des Abschneidens der Füsse* um das Jahr 542 v. Chr. in Tsi; *Grausame Bestrafung des Vatermordes*. Die Blut- oder Selbstrache, um den Tod der Eltern zu rächen, bei den alten Chinesen; ein Beispiel davon. S. 745—757.

Die Gerichtsorganisation. Der Tscheu-li ist ausführlich in der Angabe des Antheils jeder Behörde am Criminalverfahren, ohne doch eine klare Einsicht in die Organisation des alten Gerichtswesens zu gewähren. An der Spitze der Criminal-Justiz stand der Ta-See-keu und der Siao-See-keu, die Thätigkeit beider dabei, dann von der Wirksamkeit des Se-sse und in untergeordneten Kreisen des *Hiang-sse*, des Vorstehers der innern Distrikte, des *Sui-sse*, des Vorstandes der äusseren Distrikte, dann des *Hien-sse* und *Fang-sse*. Die letzteren 4 hatten bei Todesverbrechen nur die Instruktion des Prozesses; die Entscheidung hatte der See-keu, von dem sie das Erkenntniss erhielten und es dann vollzogen. Administration und Justiz-Wesen waren meist nicht getrennt. Die Thätigkeit der anderen gerichtlichen Beamten, des *Ya-sse*, des Audienz-Vorstehers (*Tschno-sse*), — dabei wie die gerichtlichen Audienzen stattfanden —; des *See-hing*, der die Strafe angab, welche auf ein bestimmtes Verbrechen stand; des Vorstandes der Hinrichtungen *See-thse* und der *Tschi-kin*, der die erkannten Bussen einzog. S. 757—764.

Vorschriften für die Richter, wie sie im Schu-king und Li-ki vorkommen. (S 765—767.) Das *gerichtliche Verfahren* nach dem Li-ki und Tscheu-li im Ganzen und im Einzelnen. Die Anzeige von Verbrechen. Die Ermittelung der Wahrheit. Die Berücksichtigung von 8 Verhältnissen und des Urtheils der 3 Classen (der obern und untern Beamten und des Volkes). 3 Gründe der Nachsicht; 3 Fälle des Strafverlasses. Allgemeine Begnadigung bei Calamitäten. Umsicht bei Todesurtheilen. Recht der Appellation, die aber an gewisse Fristen gebunden war. Die privilegirten Classen. Die höhern Beamten von Ta-fu an waren nicht straffrei, aber sie in den Augen des Volkes nicht herabzusetzen, wurden ihre Vergehen verdeckt, sie klagten sich selbst an und gaben sich bei Todesverbrechen wohl selbst den Tod. S. 767—775.

Die Hinrichtung, verschiedene Arten derselben, sie fand gewöhnlich auf dem Markte statt, aber bei hohen Beamten und Gliedern der kaiserlichen Familie heimlich. Die gewöhnlichen Hinrichtungen im Herbste; der Landesherr fastet da. (S. 775—777.) Die Verwendung der übrigen *Verurtheilten*. Die Aufseher und verschiedenen Classen der Sträflinge. S 777—779.

Wirklicher Rechtszustand im alten China. Aus den blossen Gesetzbestimmungen lässt sich auf den factischen Rechtszustand nicht schliessen. Es fehlen aber aus der Zeit der 1 u. 2. D und der Blüthenzeit der 3. D fast alle Nachrichten über diesen; die Zeiten des Tschün-thsiou und der Tschen-kuo, aus der wir erst solche Nachrichten haben, zeigen aber die Institutionen des Reiches nur im Verfalle. Zusammenstellung einer Reihe von Thatsachen über die dermaligen Rechtszustände. Ungestrafter Mord einer Dienerinn in Tsi. Kindermord eines Fürsten von Wei und Vatermord des von Tschau. Blutschande im Fürstenhause von Tsi. Die Fürsten heirathen in dieselbe Familie und geben der Familie ihrer Frau nur einen andern Namen. Mord seiner Frau, um Feldherr in Lu werden zu können. Elende Zustände in Tsin um 549 und in Tsi 630. Grausamkeit einzelner Vasallenfürsten, z. B. Ling-kung's von Tsin (607), J-kung's von Tsi (612 fg.) u. s., desgleichen von Grossen in Tsin 593, in Tschao 296 u. s. Zum Schlusse noch 2 alte chinesische Criminalgeschichten aus Tsching und Tsin, welche die eigenthümlichen Rechtsansichten der Chinesen erläutern. S. 777—785. S. 780—785.